中央大学政策文化総合研究所研究叢書　9

中国における企業と市場のダイナミクス

丹沢安治 編著

中央大学出版部

まえがき

　1979年の改革開放以来，中国経済が世界のグローバル化の進展に加わってからすでに久しい時間が流れた．その間に中国経済はめざましい発展を重ね，それを支える企業組織の発生と成長は，一貫して続いている．もちろん，格差問題，環境汚染，不動産バブルの崩壊，さらには米国の金融破綻に端を発する世界的な経済危機は，中国社会全体に予断を許さぬ緊張感を引き起こしているが，それにしても中国経済が世界経済の重要な部分として大きな影響力を持っていることはまちがいない．

　これまでにも，この強い成長のメカニズムを説明しようとする試みは，数多く提出されてきた．その説明の基本的なスタンスによると，外資を導入して，世界に対する生産基地となり，さらには自国市場の成熟を待って一層の経済発展を実現するという構図を描くというものであった．しかし，今日の視点から見ると中国国内の市場をめぐる議論は相対的に少なかったのではないだろうか．中国国内の経済の成長という視点からの研究はむしろこれからの課題であろう．そこで，たとえばイノベーションシステムとしての校弁企業（大学発ベンチャー），温州における日用品雑貨の産業集積など本研究叢書では，内生的な要因に注目してみたところに本研究叢書独自の狙いがある．

　これまでの中国の発展の原動力の源になっていたものは確かに，外資の導入であり，それによる生産基地としての役割は大きかったが，これからの中国を考えるとき，むしろ，別の姿があるのではないかというのが本書の各論文に通底する問題意識であろう．それはたとえば，中央政府や地方政府によって強力に推進されているイノベーションシステムとしての大学発ベンチャーであり，外資導入をきっかけとして形成された産業集積の独自の発展，また，自生的に発生した温州の商人集団である．また，大学生の起業にそれを求めたものもいる．このように中国国内の企業と市場において見出される，

経済発展の原動力を抉り出そうとしたもの本書である．

　本書は，2007年4月から2009年3月までの3年間にわたって行われた中央大学政策文化総合研究所の研究プロジェクト「中国における企業組織のダイナミクスとイノベーションシステム」の研究成果であるとともに，並行して2005年度～2007年度に行われた中央大学共同研究プロジェクト「大学発ベンチャー企業の日中比較-新たな産業集積の理論の確立と検証」の研究成果である．この2つのプロジェクトによって，われわれは，北京，天津，上海，広州などの中国校弁企業（大学発ベンチャー），国有企業，民営企業，日系企業を訪問し，ヒアリングを重ねた．本研究叢書に収められた寄稿論文は，すべて，この調査に参加したメンバーによるものである．

　第1部は，中国の経済発展の原動力となった産業集積の発展と現状をテーマとしている．第1章では，丹沢が，イノベーション創出戦略としての中国における校弁企業の展開を新たな産業集積の生成として捉え，その理論的メカニズムを明らかにした上で，ヒアリングに基づいた検証を与えている．北京における中関村を筆頭として「校弁企業」と呼ばれる「大学発ベンチャー」が著名な企業となり，中国経済において大きな存在感を持つことから，わが国における大学発ベンチャーの見習うべき範例として受けとめる論調も多い．しかしその発展の経緯と現状，そして今後の方向性は，中国独特のものであることを指摘している．第2章において，陳は，広東省中山古鎮における照明器具産業集積の生成とその発展に焦点を当てている．珠江デルタを中心とする広東の産業集積は，外資企業の力を借りた外生型成長モデルであるとよく言われているが，20年以上の歴史を経て，広東省中山古鎮における照明器具産業集積の生成と発展を見出し，検討することにより，中国における自発的内生型産業集積：「専業鎮」の実像と今後の発展のあり方を検討している．第3章では，西崎が，中国校弁企業に注目し，特に出資関係，人的関係，業績の視点から分析している．特に主要な校弁上場企業数社を取り上げて，現状と問題点を比較検証する．第4章の丹沢，北島，砂川による「温州の内発的発展とネットワーク：試論」は，温州においては外資に頼らない

内発的発展がみられていることに注目し，内発的な産業集積の発生メカニズムの解明に直接的に取り組んでいる．今後の中国の経済発展が国内需要による牽引に期待するものであるならば，ここでの分析は将来的に重要性を増すだろう．

　第2部は，民営企業の発展，新たな起業による民営企業の出現，そして民営企業における労働問題に焦点を当てている．第5章の李は，改革開放以後の中国における非公有企業の発展に注目している．特に2007年9月に行われた中国民営企業実態調査を踏まえて中国の地方の民営企業の現状や特徴を紹介している．第6章の申は，中国における若者の起業家精神にかんする調査に基づいてイノベーションを行う起業家意欲をもつ人材の役割を検討している．第7章の周は，新たに導入された新労働契約法の視点から，在中国企業への影響を考察している．新労働契約法の実施が与える広範囲にわたる影響を明らかにし，また「中国製造」を支える弱者層の雇用労働市場の特徴を概観している．

　第3部は，中国市場に見られる新たな特徴と新たなビジネスモデルに注目するものである．第8章の三浦は，中国消費者の規範意識と購買行動に注目し，日中消費者行動調査の結果を分析している．中国の消費者の購買行動に焦点を絞り，それがどのような特徴を持っているかを，中国人の文化や行動特性などを考察・検討しながら，明らかにしている．また，第9章の潘・葛は，中国におけるオフショア・ソフトウェア開発に注目し，中国のソフトウェア産業の概況を踏まえるうえで，オフショア開発が単純な製造フェーズから設計フェーズを含む上流工程へ展開する動向を明らかにしている．

　以上の寄稿者の構成を見ると，実に，11名の寄稿者のうち，半数以上の6名が中国籍の研究者（実務家1名）であり，またそのうち，3名がそれぞれ中国の大学に籍を持つ現役の大学教員である．（陳海権：曁南大学・管理学院・副教授，申淑子：人民大学・外国語学院・副教授，葛永盛：華東理工大学・商学院・副教授），また，残りの3名のうち，李建平は，中国籍であるが日本の大学（専修大学）に籍を置く研究者であり，潘若衛は，日中間に

またがる現役の企業経営者であるとともに博士後期課程に籍を置く研究者でもある．また周燁も，博士後期課程に籍を置いている．

本研究叢書は日本と中国の研究交流の場でもあり，ゆえに中国国内の成長に研究の重点を置いた成果を生み出すことができたといえるだろう．本書によって，これから，中国にかかわり，その企業と市場にかかわっていこうとする人々に対して，なんらかの指針を提供することができればと思っている．

2009年2月5日

執筆者を代表して

丹　沢　安　治

目　　次

はしがき

第 1 部

第 1 章　イノベーション創出戦略としての中国における校弁企業の展開
──新たな産業集積の理論と検証── ……………… 3

丹沢　安治

1．はじめに　3
2．理論的背景──産業集積の形成のメカニズム　6
3．事例による検証　12
4．結　　語　19
　　付録　調査記録　20

第 2 章　広東省中山古鎮における照明器具産業集積の生成とその発展
──中国自発的内生型産業集積「専業鎮」の実像──
……………………………………… 27

陳　海権

1．はじめに　27
2．産業集積の古典と近年的理論アプローチ　30
3．中山古鎮における照明器具産業集積の生成メカニズム　34
4．中山古鎮における照明器具産業集積の発展課題　40
5．おわりに　41

第 3 章　中国校弁企業の考察
　　　　　——出資関係・人的関係・業績の観点から—— … 45

　　　　　　　　　　　　　　　　　　　　　　西崎　賢治

　1．問題の所在　45
　2．校弁企業研究の動向と校弁企業の現状　46
　3．校弁上場企業の事例研究　53
　4．校弁企業の将来性と提言——まとめにかえて　69

第 4 章　温州の内発的発展とネットワーク——試論
　　　　　……………………………………………………… 75

　　　　　　　　　　　　　　　　　　　　　　丹沢　安治
　　　　　　　　　　　　　　　　　　　　　　北島　啓嗣
　　　　　　　　　　　　　　　　　　　　　　砂川　和範

　1．はじめに　75
　2．温州モデル　76
　3．理論的枠組み　79
　4．事例による例証　83
　5．結　語　91

第 2 部

第 5 章　改革開放以後の中国の非公有企業の復活と発展
　　　　　……………………………………………………… 97

　　　　　　　　　　　　　　　　　　　　　　李　建平

　1．はじめに　97
　2．非公有企業の変遷　98
　3．鎮江市の非公有企業の現状と特徴　103
　4．おわりに　115

第 6 章　転換期中国における若者の起業家精神……121
申　淑　子

1．はじめに　121
2．起業家精神に関する既存研究　122
3．構造と行為者の相互作用に見る起業家精神の重要性　123
4．歴史的視点：時代と起業家精神　126
5．おわりに　127

第 7 章　在中国企業の雇用・人事制度の環境変化とその考察
──新労働契約法の視点から──……………………129
周　　　煒

1．はじめに　129
2．新労働契約法の実施が与える影響　131
3．新労働契約法の変更と中国の労働事情　135
4．雇用形態・人事制度から見る企業管理　143
5．おわりに　148

第 3 部

第 8 章　中国消費者の規範意識と購買行動
──日中消費者行動調査の結果を踏まえて──…155
三浦　俊彦

1．はじめに　155
2．中国消費者市場のオーバービュー　156
3．中国消費者の意識と行動　164
4．調査分析　171
5．おわりに　175

第 9 章　中国におけるオフショア・ソフトウェア開発
……………………………………………………………179

潘　若　衛

葛　永　盛

1．はじめに　179
2．中国におけるソフトウェア産業とオフショア開発　181
3．日本向けオフショア開発における問題点と課題　186
4．事例研究　190
5．おわりに　195

第1部

第1章

イノベーション創出戦略としての中国における校弁企業の展開
――新たな産業集積の理論と検証――

丹 沢 安 治

1．はじめに

　現代のグローバル化した社会経済は，巨大な垂直統合企業の終焉の時代を迎えている．今日，巨大企業は，多くの事業をアウトソーシングし，また分社化している．現在の社会経済は，ラングロア，R. がポスト-チャンドリアン・エコノミー[1]（Langlois, R. N. (2003) p.379）と呼んだ時代，すなわち分社化したかつての巨大企業とアウトソースを受託する大小の専門企業の混在する状態にあるといえよう（ピオリ, M. J. /セーブル, C. F. (1984), Cowen, T. / Parker, D. (1997)，青木昌彦 / 安藤晴彦 (2001)，藤本 / 青島 / 武石 (2001)，ベサンコ, D. / ドラノブ, D. / シャンリー, M. (2002), Langlois, R. N. (2003), Lamoreaux, D. / Raff, D. / Temin, P. (2003), Langlois, R. N. (2004), Sabel, C. / Zeitlin, J. (2004)，丹沢 (2005) (2006))．

　このような変化にともない，最先端の知識を所有する大学など研究機関が知的財産を提供したり，あるいは設立にかかわったりする「大学発ベンチャー」(University-based Start-ups) もまた今日の社会経済において重要性を増している（近藤 (2002)，原山 (2003)，シェーン, S. (2005))．日本においても，その設立は，経済産業省の産業クラスター計画，文部科学省の

知的クラスター創成事業において積極的に推進され,「イノベーション・システムの新たな担い手として」期待されている．2007年度末時点で日本における大学発ベンチャーは「1,773社」と報告され,2001年末の435社から増加する傾向にある（経産省平成18年委託調査（2008））．現在の日本におけるイノベーション創出戦略を展開する上での推進力は,国家主導の研究機関,あるいは巨大企業のいわゆる中央研究所によって進められるいわゆるナショナルイノベーションシステムから,大学,研究機関を含む地域による地域イノベーションシステムへ移行し,分散しているといえるだろう（ローゼンブルーム,R./スペンサー,W.(1998),丹沢(2006a)）．

今日の中国におけるイノベーション創出戦略も,北京における中関村を筆頭として「校弁企業」と呼ばれる「大学発ベンチャー」と深いかかわりあいを持ち,長い伝統と,著名な企業を輩出し,中国経済において大きな存在感を持つことから,わが国における大学発ベンチャーの見習うべき範例として受けとめる論調も多い（日本経済新聞（2004）,日経産業新聞（2005）,（2006））．しかしその発展の経緯と現状,そして今後の方向性は,中国独特のものであることに注意しなければならない．

中国における「大学発ベンチャー」は,「校弁企業」と表記されている．歴史的に1950年当時の計画経済時代の「校弁工場」以来の伝統を持つものである．「かつての校弁工場」は社会主義経済の時代に学生に労働の場を与えたり,理科系の学生に実習の機会を与えたりという目的を持っていたものである（Xue, L.(2002), 角南(2003), 李(2006)）．1979年の改革・開放以降の,さらには特に1990年代以降の中国における校弁企業および大学発サイエンスパーク（中国では大学科技園と表記）は,しかしシリコンバレーとスタンフォード大学の関係を範例として,大学の知的財産の活用,帰国留学生（海帰派あるいは海亀派と呼ばれる）にベンチャー設立の機会を与えるという目的を持ったものともいう．中国において「校弁企業」は,改革・開放以後は,新たに大学の知的資産を利用し,「大学発ベンチャー」として国家全体の産業化のためのイノベーション創出の一翼を担うという課題を持っ

ているといえる．

　しかし中国教育部発展中心の統計によると，中国における校弁企業の数は，企業数としては，一貫して減少していることにも留意しなければならない（李（2006），中国教育部発展中心 HP（2008），張輝 HP（2008））[2]．わずかずつではあるが一貫して増加しているわが国とは異なる経緯と現状，方向性が見られるといえる．むしろ中国におけるイノベーション創出の担い手の主役は，事実上インキュベーション・センターの性質が強い大学発サイエンスパークに移行していることがすでに多くの文献において指摘されている（Xue, L.（2002），角南（2003），李（2006），張輝 HP（2007））．大学発サイエンスパークが必ずしも校弁企業のみを収容するものではないことを考えると，日中の事情の違いは小さくないというべきだろう．

　本章においては，中国におけるイノベーション創出の場が，校弁企業から大学発サイエンスパークに重点を移していく経過を1つの産業集積の形成過程として捉え，(1) まず一般的に産業集積の形成を分析するための枠組みを提出する．それは，集積の形成プロセスを当該の地域と関係者が持つ既存のケイパビリティー（能力）[3]と新たに現れたケイパビリティーを利用しながら取引費用を削減するイノベーションを提出していく試みの連続として捉えるものである．次に，(2) この枠組みを用いて中国における大学発サイエンスパークが，校弁企業にかかわりあいながら「人工的な産業集積」として形成されるプロセスを明らかにし，(3) そこから導き出されるいくつかの命題を，先行研究とわれわれが2003年から2007年にかけて行ってきたヒアリング調査により検証する．(4) 最後に，新たな環境変化によって生ずる利用可能なケイパビリティーに対して大学発サイエンスパークにかかわってどのような戦略策定が試みられるべきか，検討する．政府の政策的立場，出資者としての大学の立場からの政策的デザインを示しながら，校弁企業の担い手たる起業家の視点から企業戦略を策定し，提案することが最終的な目標である．

　中国における校弁企業については，すでに多くの研究の蓄積がある（丹羽（2001），Xue, L.（2002），角南（2003），兪（2004），李（2006），張軍宏

他（2007），西崎（2009））．これらの研究は網羅的なものであり，詳細なものであるという点で価値の高いものであることはいうまでもない．しかし一定の理論的視点からの分析とはいえず，どのような側面に注目しているのか，明らかにしないまま，調査・報告の域にとどまっている感がある．本稿はこれらの成果を踏まえて，産業集積の形成という独自のフレームワークを用いて中国における校弁企業と大学発サイエンスパークを分析し，中国におけるイノベーション創出戦略の手段としての校弁企業にかんする調査・報告から漏れていた，新たな含意を明るみに出すことを試みている．

2．理論的背景——産業集積の形成のメカニズム

取引費用の経済学によると，「市場取引の費用」と定義される取引費用が高ければ，企業は垂直統合を行い，自社内での管理コストが高ければ，市場取引あるいはアウトソースするという．これは，「make or buy」アプローチとも呼ばれ，企業の境界，垂直統合の度合いの決定を説明する用具として使われてきたし（Coase, R. (1937), Williamson, O. (1975)(1985)），現在でもグローバル化された国際経営において最も言及されることの多い理論的枠組みの1つである．しかし取引費用の経済学を用いた今日の最先端の諸文献には，これとは異なる2つの側面も見出される．それは第1に，取引費用の節約をイノベーションとして捉える見方であり，第2に地域の外部性，自社組織の特異な能力であるケイパビリティーを取引費用とともに考慮すべきとする考え方である．

（1）　取引費用の節約としてのイノベーション

欧米における最近の企業理論のみならず，中国，東欧，ロシアといった移行経済においては取引費用の経済学は，特にその市場デザインにかかわる理論的な用具としての有用性が指摘されることも多い．ここでは取引費用は，

「取引を行って所有権を移転することにともなう費用」と定義され（Coase, R.(1937), Barzel, Y.(1997)(2005)）雇用関係などの階層組織内の取引も含めて取引費用があまりにも高ければ，市場であれ，階層組織であれ取引そのものが成立しないという含意を持っている．このコンテキストでは，特に移行経済下では，また産業集積にかかわる議論においても取引費用の高さのために発生することに失敗している市場を生成するための規制の設置など，市場デザインを問題にすることになる（McMillan, J.(2002), Dew, N.(2006)）．また，起業家の新規事業もコース的な意味での新しい資源配分であるが，その事業としての取引には多くの資源の消耗を伴い，それ以前は実現することに失敗しているものといえる（丹沢（2006b）64頁，表4）．本章のテーマである中国における校弁企業，大学発サイエンスパークもまた，新たな事業の提案であり，市場デザインの1つと考えられるのであり，産業集積の分析にあたっては，取引費用という概念の定義としてこちらの定義が適切であることはいうまでもない．

　特に移行経済においては，マクミラン, J.(2002)がオークションのデザインに利用したように，計画経済に特有の調整の困難のために，取引の生み出す価値と関係しないところで資源を消耗してしまうという意味で，取引費用が高すぎるがゆえに発生することに失敗している市場のデザインという視点から導入されることが多い（McMillan, J.(2002)）．中国のようにかつての計画経済下にあって発生することに失敗している市場が数多く存在する社会経済においてこのような問題意識を持つことはまったく不思議ではない．

　さらにこのような視点は，政府による市場デザインや企業の行うイノベーションの問題領域以外においても重要である．たとえば，デュー, N.(2006)が，流通業界の業界団体すなわちNPOがバーコードの規格を統一し，10億ドル相当の取引費用が削減され，業界全体の取引量が増したことを指摘している．この場合，NPOである業界団体は，共通のプラットフォームを提供することによって取引費用の節約を実現している．中国の大学発サイエンスパークも営利企業であるとはいえ，このような性格を持つものといえよう．

すなわち，中国において何らかの産業集積が形成されようとしている地域経済は，何よりもかつての環境では，取引費用の高さによって「発生することに失敗している」市場が潜在している場であり，このような潜在的市場は，起業家であれ，NPOのディレクターであれ，また地方政府の行政者であれ，取引費用を削減することで実現するものである．われわれはこのような市場の創成をもたらす提案はイノベーションそのものであり，それが地域経済の全体的厚生を改善する，つまりパレート効率性を改善するという意味で，すなわち革新性の価値の根拠がコースの定理に求められるという意味で，コーシアン・イノベーション[4]と呼んだ (Dew, N. (2006), 丹沢 (2006b))．

本章では，これらの政府のイノベーション，業界団体などNPOのイノベーションに従来からいわれて典型的なイノベーションとして起業家のイノベーションを識別し（丹沢 (2006a), (2006b)），取引費用を削減することによる3つの種類のイノベーションが産業集積の形成を推進するドライバーであると考え，これらのイノベーションミックスのデザインが重要であると考えるのである．

(2) 地域経済とケイパビリティー・アプローチ

もちろん取引費用の削減による企業活動は産業集積に限らず，一般的に行われていることであり，それだけで産業集積を形成する十分条件であるということはできない．地域経済が産業集積として形成されていくためには，その地域に特有の何らかの外部性を伴った進化プロセスが見られねばならない (Marshall, A. (1890))．近年の企業戦略論では，取引費用の経済学を補完する形で，登場してきたケイパビリティー・アプローチ(Langlois, R. N.(1995a), Foss, N. J. (1996), Madhoc, A. (1996)) とケイパビリティーの蓄積が新たな利益機会をもたらすと考える，ダイナミック・ケイパビリティーのアプローチ (Teece, D. J. / Pisano, G. / Shuen, A. (1998), Sautet, F. (2000)) が有力である．

これらのアプローチにおいては，取引費用のコンセプトを用いながら市場

と企業のケイパビリティーを分析する試みが展開されている（Langlois, R. N. (1995a), Foss, N. J. (1996), Sautet, F. (2000), Madhok, A. (1996)）. 十分なケイパビリティーが存在すれば，取引費用の高さは相殺されるで，この考え方においては，中央政府，地方政府,校弁企業，そして大学，研究機関，大学が運営する大学発サイエンスパーク，そして地域住民などの参加者が持つケイパビリティーに特に注目することになる．

また，イノベーションが行われる地域経済という一定の取引の場では，意図的にデザインされた制度,規制ばかりでなく、その地域の慣習，人材の能力も取引費用を左右することになる．結局，さまざまなケイパビリティーを持った参加者がいて，社会的分業システムとしての地域経済の価値は,それがどれほど取引費用を削減することにおいて有効である制度を持つか，あるいは分業体制を持つかという点にある．つまり「取引を行うことによる当事者達の結合利潤から取引費用を差し引いたところの利得」(gain of trade net to transaction cost) を最大化しているかに依存しているからである (Sautet, F. (2000)).

このように，取引費用を左右する要因として，地域経済における規制や慣習，各企業のケイパビリティー，ノウハウを扱う枠組みは数多く見られる (Langlois, R. N. (1995), Foss, N. J. (1996), Madhok, A. (1996), Langlois, R. N. / Foss, N. J. (1999), 丹沢 (2004))．たとえば表1のようなケイパビリティーが，取引費用とともに市場の発生を左右するといえるだろう．

表1　地域経済において取引費用を左右するケイパビリティー

	調整形態	
	地域経済	企業間関係・企業組織
自生的に存在するもの	高度な人材の集積，高度な需要がもたらす市場外部性	組織文化，ケイパビリティー
人為的にデザインされるもの	政府規制，優遇措置	提携戦略，企業戦略

(3) ダイナミック・ケイパビリティーとイノベーション・ミックス

中国の校弁企業や大学発サイエンスパークの集積としての進展においてこれらの理論的用具はどのようにあてはめられるだろうか．ケイパビリティーと取引費用の節約によるイノベーションなど何らかの行動とその行動のもたらす「意図せざる環境変化」に対する分析の枠組みは，すでにウィリアムソンに見られる．(Williamson, O. (1988)) この環境変化を市場や企業組織におけるケイパビリティーの蓄積として捉え，そこで新たな利潤獲得チャンスを見い出して次の段階の取引費用節約の行動を行うというのがティースらのダイナミック・ケイパビリティーのアプローチである (Teece, D. J. / Pisano, G. / Shuen, A. (1998), Williamson, O. (1999))．このアプローチを中国の校弁企業や大学発サイエンスパークにあてはめてみよう（図1参照）．

たとえば，1950年以来の歴史的な経緯として「勤工倹学」の場である「校弁工場」が存在する環境 (Xue, L. (2002), 角南 (2003), 李 (2006)) において (C1.)，このケイパビリティーを利用し，改革・開放以降大学や研究機関は研究資金を得るために，所有する知的資産を利用し，次々と校弁企業を設立した (F1.)．このような試みは，国有企業にR&D部門が存在せず，また民間の大企業がほとんど存在しない当時の中国経済において科学技術分野での産業化にとって合理的な対応であった．なぜならば，R&Dによる知的資産というケイパビリティーを持つ大学や研究機関 (C2.) が計画経済下における調整の失敗を覆すイノベーションを，つまり取引費用の削減を実現したからである．ひとたび取引費用の視点から校弁企業が導入されると，そのこと自体が新たな環境変化をもたらす．あるいはそれまで潜在していた環境要因が露になる．たとえば北京大学や清華大学のような著名大学の校名を冠することによるブランド (C3.)，立地の優位性 (C4.)，優秀な卒業生の供給能力 (C5.) などのようなその校弁企業のにとって当初は「気付かれていなかった，あるいは重要と思われていなかった側面」が次々と明らかになる．それを学習した上で帰国留学生のためのインキュベーションセンター (P1.) や外資のR&D部門の誘致 (P2.)，外資ハイテク企業そのものの誘致 (P3.) など

第1章 イノベーション創出戦略としての中国における校弁企業の展開　11

図1　校弁企業から大学発サイエンスパークへ
——主役の交替——

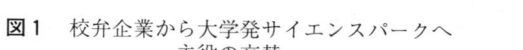

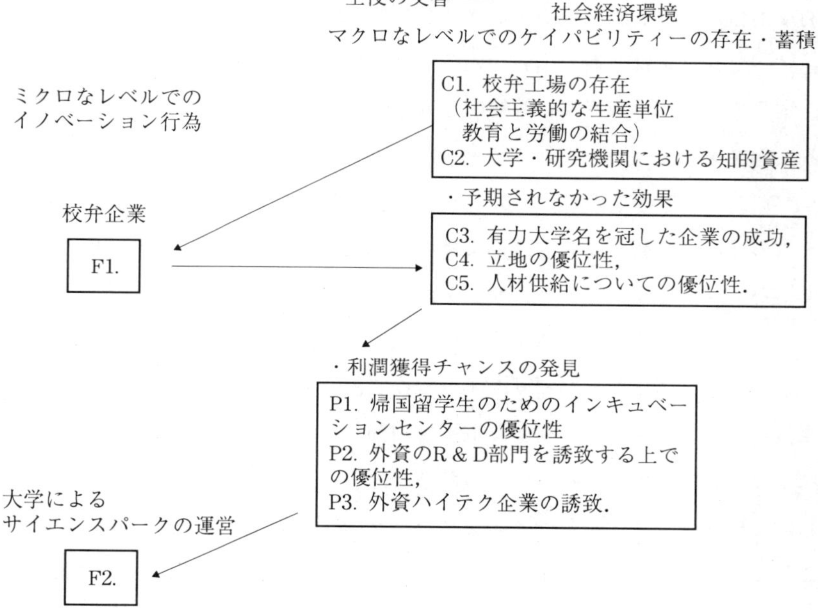

社会経済環境
マクロなレベルでのケイパビリティーの存在・蓄積

ミクロなレベルでの
イノベーション行為

C1. 校弁工場の存在
　（社会主義的な生産単位
　　教育と労働の結合）
C2. 大学・研究機関における知的資産

校弁企業

・予期されなかった効果

C3. 有力大学名を冠した企業の成功，
C4. 立地の優位性，
C5. 人材供給についての優位性．

F1.

・利潤獲得チャンスの発見

P1. 帰国留学生のためのインキュベーションセンターの優位性
P2. 外資のR&D部門を誘致する上での優位性，
P3. 外資ハイテク企業の誘致．

大学による
サイエンスパークの運営

F2.

図2　コーシアン・イノベーションの担い手

大学・研究機関　研究機関

地域経済

政府機関　　NPO/NGO　　　起業家

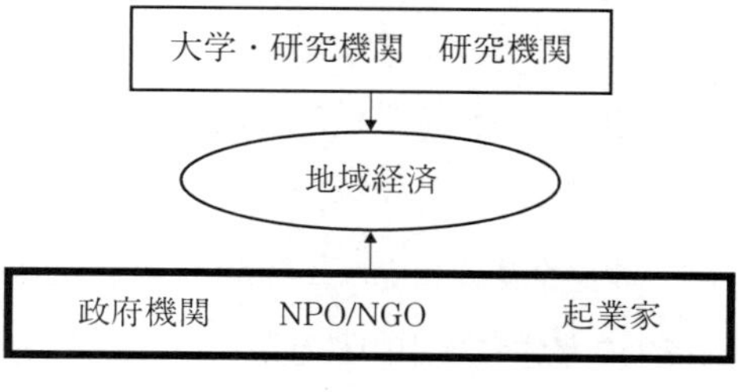

の利潤獲得チャンスを見い出し，それを結合してまた1つの校弁企業として大学発サイエンスパークというイノベーションが登場することになる(F2.)．

　もちろんケイパビリティーやケイパビリティーの変質を利用して取引費用の節約を実現しようとするコーシアン・イノベーションの担い手とは，企業にとどまらない．地域経済においては，(1)中央政府・地方政府の政策担当者，(2) NPO/NGO の TLO 組織，そして(3)起業家である（図2参照）．

これらのイノベーションの担い手が複数であるということは，多くの人工的な集積形成の失敗を説明する含意をも持っている．すなわち，それぞれのイノベーションは，他の担い手の準備が整わないところでイノベーションを提案してもその地域経済に継続的な効果をもたらすことはできないからである．起業家のイノベーションが提供できない土壌で政府による規制の整備，NPOによる交流のプラットフォームが設けられてもイノベーション・システムの機能は作動しないし，産業集積も形成されない．適時性を考慮したイノベーション・ミックスのデザインが必要なのである．

われわれはこの基本構造を3つの種類の取引費用の節約行動，その意図されざる帰結によるケイパビリティーの変質，あるいは蓄積，そして新たな利潤獲得チャンス発見後の新たな取引費用節約行動の結果，産業集積が形成されるという，一般的にあてはめられる枠組みとして提案したい．次に中国における校弁企業と大学発サイエンスパークの展開にこの枠組みをあてはめてこれまでの調査・報告を主とした文献では十分に分析されなかった側面を命題として導き出してみよう．

3．事例による検証

すでに述べたように，校弁企業の歴史は，1950年代から1978年までの校弁工場にさかのぼる．1980年代には中国科学院，北京大学，清華大学からIT関係の校弁企業が設立された他は，技術開発コンサルタント，印刷会社など，従来の校弁工場の延長線上にあるものが多かった．1990年代には南巡講話，科教興国などの政府による関与が行われ，中国経済の産業化への貢献がさらに強く試みられた．しかし数的に必ずしも多くはなく，また行き過ぎも指摘されるようになった．2000年以降は，産業振興の需要に，より応じた大学発サイエンスパークに重点が移行している（Xue, L. (2002)，李 (2006)）．その歴史的推移を前節で述べたわれわれの枠組みを用いて描写してみよう．

(1) 校弁企業から大学発サイエンスパークへの重点の移行 （図3参照）

　校弁企業が大学発ベンチャーとして登場する環境とそのケイパビリティーは，大躍進政策と文化大革命後の混乱，計画経済の下にあって発生することに失敗している市場，そして「勤工倹学」の場としての校弁工場の存在であった．また国有企業にはR＆D部門が存在せず，大学には運営資金が不足していた（C1.）．そのような環境下ではまず政府による「改革・開放」というイノベーションが行われた（G1.）．それは校弁企業のみを対象とするものではないが，政府自ら行う制度上の整備として現れるものであり，発生していることに失敗している市場を成立させる試みだった．すなわち経営自主権が拡大することによって，計画経済の調整コストを節約するさまざまな「起業」が可能になった．言い換えると，事業を行う上での「禁止的な取引費用」を削減することになった．

　また，大学については，大学の運営資金の獲得の必要性が生じたことに加えて（C1.），1985年の鄧小平の「全国科学会議での発言「科学技術は生産力」という発言に後押しされ（李（2006））,大学，研究機関関係者は，それぞれの持つ知的資産を用いて校弁企業を起業した（F1.）．この段階で経営能力の欠如による失敗もあったが（C2.），政府によってさらに全般的な経済の産業化が迫られた．すなわち，1986年にハイテク分野でのキャッチアップを目指した863計画が公表され，1988年には，火炬計画が実施され，ハイテク分野の産業化がさらに推し進められることになった（G2.）．この時期に設立された校弁企業もその1つに違いない．もちろん大学や研究機関に由来するものであるから，それはたとえば，1980年の清華大学技術サービス公司（技術移転コンサルタントを業務とする）（李（2006））や，清華紫光（角南（2003）），中国科学院の連想，北京大学の北大方正（角南（2003）），のように科学技術にかかわるものであると同時に，また，印刷工場，出版社，ホテルなどそれまでの大学が持つケイパビリティーを強く反映するものであった．そのなかには，コンピュータハードの北大方正，健康ドリンクの上海交通大学昂立（1990年設立）など多くの成功企業を生み出した．これらは経営自主権の開

放という環境の中で蓄積したケイパビリティーを生かしてそれまで禁止的な取引費用によって不可能であった民間による自生的な取引を実現するものであり，起業家的コーシアン・イノベーションであるといえよう (F1, F2)．

北大方正（1986年設立），清華紫光（1988年設立）など著名な大学名を冠した校弁企業は，大都市近辺で著名大学の名を冠しているほど成功した．その成功には有名大学名を冠することによるブランド効果という意図されざる側面があった (C3.)．この新たなケイパビリティーは，新たな利潤獲得チャンスの発見をもたらした．第1に，外国企業には取引できない公的機関の情報システム，コンピュータなど経済の核心になる部門の育成，つまり国策企業としての育成である (P1.)．また，交大昂立に顕著なように，信用の供与である．また，著名大学の名称を冠することは，その大学の優秀な卒業生を受け入れるさいの優位性をも持っていた (P2.)．このような新しい利潤獲得チャンスを明るみに出したのは，1985年，鄧小平による全国科学技術会議での「科学技術体制の決定」による，産業化に他ならない (Xue, l. (2002), (2006), 角南 (2003), 俞 (2004), 李 (2006))．

引き続き，1993年の鄧小平の南巡講話において社会主義市場経済が宣言され (G3.)，多くの大学が校弁企業を設立し，1995年には，1,010の大学のうち，700校が校弁企業を所有するようになっていたという（角南 (2003)）(F3.)．また，著名大学ではすでに1992年の北大科技園，94年の清華科技園発展センターが設立され，さらに，1995年には，江沢民による「科教興国」の戦略が欧米のサイエンスパークに倣うという方針を掲げた（李 (2006))．その結果，2000年には，ハイテクパーク内の企業数は，20,000社，従業員数は，251万人を超したという（角南 (2003))．その結果，大学とは別個にサイエンスパークが設立されたのである．これらのサイエンスパークには免税措置がとられた（俞 (2004))．

そのなかで，2001年には，清華大学，北京大学，復旦大学，上海交通大学など15大学が「国家大学科技園」の称号を与えられたのである（李 (2006))．

しかしこのころから校弁企業の負の側面が指摘されるようになった．失敗

第1章　イノベーション創出戦略としての中国における校弁企業の展開　15

図3 校弁企業をめぐるダイナミックプロセス

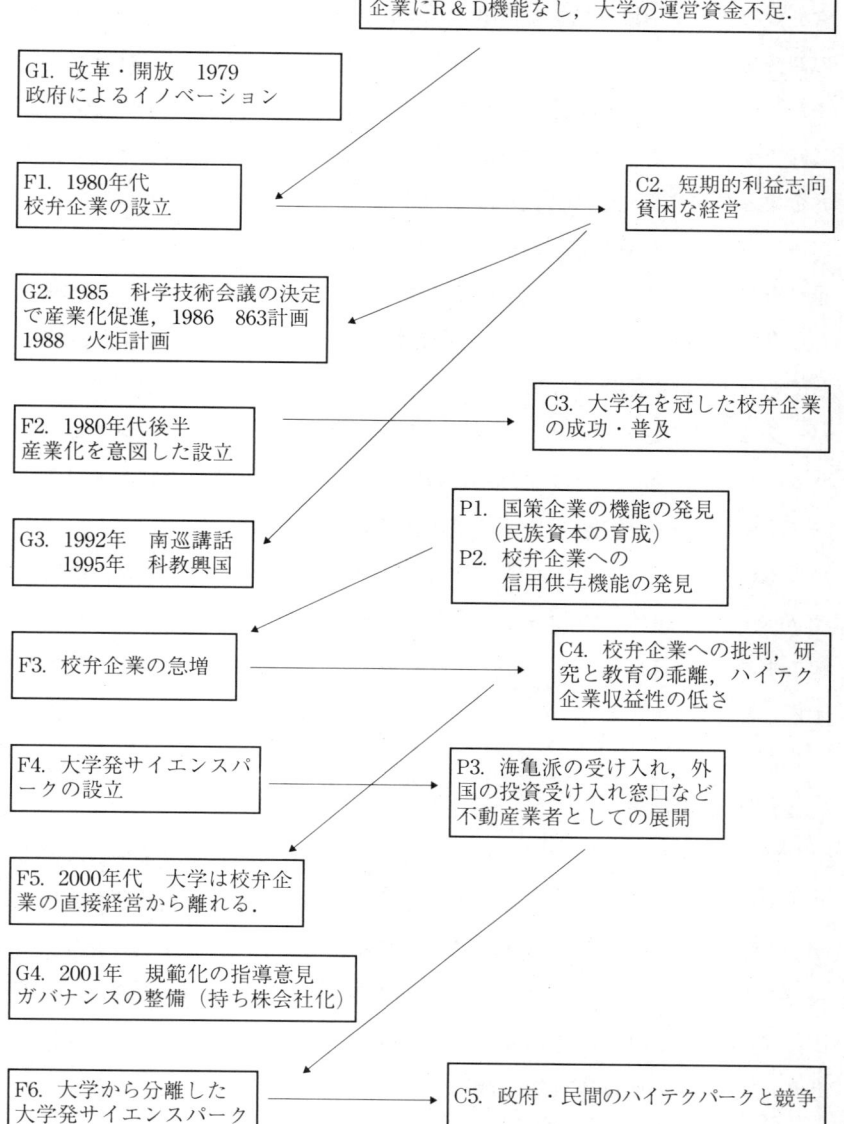

が多く，経営がおろそかになり，また大学の資産が損なわれるだけでなく，教育と基礎研究への意欲が失われるという批判である（C4.）．これを受けて，2001年には，中国国務院から，「北京大学，清華大学に対する校弁企業の経営を規範化する指導意見」が提出され（G4.），校弁企業の課題は，研究成果の産業化とインキュベーションであるとし，大学は直接投資，経営は行わず，また，免税範囲も大学の教育・研究に還元された分だけになった（李（2006））．これを受けて，清華控股有限公司，北京北大資産経営有限公司など大学と校弁企業との間に資産管理会社が設立されたのである（F6.）．その結果，イノベーション創出の場としての校弁企業はむしろ，大学発サイエンスパークに重点を移すことになった．大学発サイエンスパークは，他のハイテクパークと並存し，2006年現在で国家級大学発サイエンスパークは50であり，繁栄している（記事；孫瑩訳（2006））．校弁企業の1つであった大学サイエンスパークは，さまざまにデザインされ，不動産業として海亀派のインキュベーションセンターとなり，かつ，外資の導入の窓口として新たな利潤獲得チャンスを生かすべく展開しているのが現状である（P4.）．

　以上の描写から，中国的な特色としてNPOの存在が少ないこと，政府のイノベーションが他のアクターのそれに先行し，他のイノベーションを引き起こすこともあるが，むしろ他のアクターのイノベーションを見て，後押しすることも多いことが分かる．

（2）　命題の導出

　このような校弁企業をめぐるダイナミックなプロセスの描写を通じて，これまでの調査・報告を主たる課題とした校弁企業に関する諸先行研究とは異なった命題を導き出してみよう．これらの命題は，上記の発展プロセスから校弁企業の持っていた3つの側面について導き出される．すなわち，1. 中国経済の産業化という使命であり，2. ハイテク産業の基地としての性格であり，3. 外資の受け入れ窓口としての大学発サイエンスパークの存在である．

命題1．中国においては，校弁企業（大学発ベンチャー）に「中国経済産業化の課題」が与えられている．

　大学の知的資産を利用する校弁企業は，他の先進国におけるように最先端の科学技術の事業化を目指しているように思われるが，少なくとも中国においては，それは必ずしも実情ではない．むしろ，改革・開放以降の校弁企業には中国経済の「産業化の課題」が与えられている．このことは，これまであまり指摘されていないが，その理由には2つの事柄が考えられる．ここで産業化とは，計画経済下にあってさまざまな経済部門において発展途上国としての性格を持っていた中国において新たな産業を起こし，キャッチアップすることに他ならない．第1の理由は，国家に対するトップクラスの大学が持つ「責任」である．いまだに民間企業が十分に成長していない社会経済にあって，民族資本の基幹産業を特にハイテク分野において確立することは，急務であり，このことはキャッチアップの優先性を含意している．第2の理由は，利益率であろう．最先端の科学技術の事業化はたとえ成功しても，特殊である場合が多く，市場は小さく収益そのものが小さい．校弁企業が利益を追求する営利企業である限り，基幹産業やサービス業への多角化は当然の帰結だろう．このことはインタビューでも確認された．

　たとえば，復旦大学サイエンスパークにおける復旦光華は政府・国家との取引が主であり，政府関係の情報システムなど外国企業に発注しにくい案件を引き受けるという意味で国策会社としての性格が強い．また，ハイテク企業として設立した校弁企業がホテルのようにさまざまなサービス業に多角化し，必ずしも大学の研究室でしか得られない高度な技術に基づく企業ではなくなっていることも同じ現象である．北京大学サイエンスパークでも同じく，「われわれは責任がある」という発言が見られた．また，同様の関係は同斉大学が出資する建築事務所などにも見られる．これも政府関係の取引相手が主となっており，国策企業として産業化に役立っているものと思われる．

　また，交通大学昂立股份有限公司のような会社の製品は，健康増進製品であったため，上海交通大学のブランドから大きな利得を得た．ハルビン工業

大学机器人研究所の博実集団は，全国の理科系大学，学校のための実験教材を作成していた．南京医科大学は，大学の持つシーズを事業化しようと試み，養蜂業，医薬品，病院，医療機器，ホテルなど，幅広く必ずしもハイテクの発信基地にとどまらない展開を示している．大学の持つ知的資産を利用してハイテクに限らず「産業化」を目的とするという校弁企業は多く，また政策的にも支持されているといえる．

　これは，計画経済の下で成立することに失敗していたさまざまな分野の市場を実現させるという課題であり，先進国における「大学発ベンチャー」とは最も異なる側面であるといえる．

命題2．ハイテクの発信基地として，高度なケイパビリティーを事業化することは現在の中国では困難を伴う．

　浙江大学サイエンスパークの淅大三色有限公司の牟同昇副教授は，同期生はみな出世したのに自分は副教授でしかないと嘆いている．先端技術の事業化例では，市場が小さく，収益性が低く，たとえば駐車場の経営など他のローテク企業の収益性に優位性を持てない．また，ハイテクの知識上のキャッチアップは，それだけを考えるならば，優秀な人材を外国に学びに行かせればよいのでそう難しいことではない．むしろそれを製品化するシステムの生成が難しいと思われる．そのための技術の裾野の不足が観察され，順序としてローテク産業の裾野の成立が必要であろう．

命題3．校弁企業としての大学発サイエンスパークは他の国家，地方政府によるサイエンスパークと競争する状態にある．

　改革・開放当時の産業経済は全体的に未発達であり，大学には企業のR＆D機能を肩代わりする必要があった（角南（2003））．南京大学はすでに富士通との提携により，オフショアリングの走りを行っていたし，同斉大学サイエンスパークは，すでに2005年にインキュベーションセンター化し，VC機能も持っていた．北京兆訊などソフトウェアのオフショアリング企業も含めて一般的なベンチャーも入居している．

　現在の中国はまだ大企業が少ないので，学生の起業意識が強いという事情

があるが，帰国留学生，自校卒業生向けのインキュベーションセンターとしての役割が考えられる．

命題４．今後の大学との関係を薄めていく，大学発サイエンスパークは，通常の民間ハイテクパークとの競争下に置かれるようになる．

　このことの持つ含意は影響力が大きい．中関村のようなトップクラスの大学による知的資源を豊富に持つ大学発サイエンスパーク以外は，通常のハイテクパークに対して優位性を持たず，吸収されていくか消滅していくことを意味している．

　民間ハイテクパークと競合する事業は多く，競争は厳しくなると予想される．したがって，大学が所有するケイパビリティーを再考して戦略をデザインする必要があるだろう．第１に産業化の機能，外資との中国国内での市場化を目指したＲ＆Ｄについては，大学の持つケイパビリティーによる優位性にかかわりが薄く，通常の民間ハイテクパークに移していく必要があるだろう．第２に，大学の知的資産は最先端のものが多く，利益を度外視した事業を政府からの支援を得て行う場を確保しなければならないだろう．これは政府が実行すべきイノベーションである．第３に国有企業であれ，民間企業であれ，企業のＲ＆Ｄ機能を引き受けるという「中国的伝統」は，最先端の知識を持つがゆえに，さらに大学発サイエンスパークで受け継がれるかもしれない．同じようにＲ＆Ｄの受託は，研究のケイパビリティーを生かしてＢＰＯとして展開することが可能だろう．これらは校弁企業としての大学発サイエンスパークが実行すべきイノベーションであり，こういった住み分けが推奨される戦略であるといえる．

4．結　　語

　イノベーションの担い手が３種類の経済的アクターであるという事実は，それらのイノベーションの組み合わせが重要であるという含意を持ってい

る．たとえば，起業家がいかに重要なイノベーションのシーズを持っていようとも，政府やNPOによる制度的イノベーションによってそれが市場において取引を引き起こす環境が整えられていなければ，取引は行われず，事業は成立しない．また逆にいかに政府や地方政府が制度的環境を整え，NPOが共通のプラットフォームを用意しても起業家のシーズが提供されないならば，新たな市場は発生しない．この意味において，イノベーションの組み合わせである「イノベーション・ミックス」のデザインという視点が重要になる．このことを考えると，中国におけるミックスは，NPOの存在の余地はなく，政府による規制など制度的イノベーションと経営自主権を得た「起業家」たちとの相互作用が観察されるに過ぎない．このことがもっとも大きな中国的特色であるかもしれない．しかしこのやり方はもちろん不確実な要素を残すことになる．中国の校弁企業に端を発した大学発サイエンスパークにも成功例と失敗例の出ることが予想される．この中国的特色がどのような影響を与えるか，明らかにすることを次の課題としたい．

付録　調査記録

　本章の執筆にあたっては，以下の訪問調査におけるインタビューを参考にした．また，これらの調査にあたっては，中央大学共同研究プロジェクト「大学発ベンチャー企業の日中比較—新たな産業集積の理論の確立と検証」(2005-2007年)，中央大学政策文化総合研究所研究プロジェクト「中国における企業組織のダイナミクスとイノベーション・システム」(2006-2008年)による研究資金を利用した．ここに感謝したい．

第 1 章　イノベーション創出戦略としての中国における校弁企業の展開　21

日　付	調査対象	訪問機関・企業
2003 年 6 月 2004 年 8 月	北京市・中関村	清華科技園管理委員会，中関村国際孵化園，中関村科学技術園区，清華紫光，北京中関村軟件園発展有限責任公司 北大科技園管理委員会，東聯華興軟件技術有限公司
2004 年 3 月	上海市，南京市	富士通南京大学軟件技術有限公司，上海慧谷高科技創業中心，復旦光華信息科技股份有限公司，復旦復華集団股份有限公司，交通大学昂立股份有限公司，
2004 年 10 月	天津市	天津経済技術開発区
2005 年 8 月	上海市，杭州市	淅江大学科技園管理委員会，淅江大学灵計算机工程公司，淅大三色有限公司，復旦大学科技園管理委員会，上海交通大学科技園管理委員会，同済大学科技園管理委員会
2006 年 3 月	ハルピン市	ハルピン工業大学科技園，ハルピン工業大学机器人研究所
2007 年 7 月	北京市，天津市	中関村望京科技創業園 China Way，中関村軟件園，天津経済技術開発区，天津大学国家大学科技園，

1)　かつて産業革命の進展を経て，生産技術は進歩し，20 世紀初頭にはフォーディズムや，科学的管理法が普及した．ここに大量生産の時代が始まり，垂直統合が進み，巨大企業が登場した．その当時，社会経済における資源配分の多くが，大規模企業の「専門経営者」によって行われたという．すなわち，多数の生産工程をまとめ，垂直統合が普及した．これが，アルフレッド・チャンドラー Jr. の言う「見える手」(visible hand) の時代（チャンドラー Jr. A. D. [1979]），すなわちチャンドリアン・エコノミーである．しかし 1990 年以降，(1)情報通信技術の進歩，(2)市場のグローバル化，(3)需要の多様性をもたらす市場の成熟化によって，規模の経済性を生かした巨大な専門企業と独自の能力を持つ小規模専門企業が発生し，資源配分はまたもやその多くが「市場」によって賄われる時代が到来しているという．これが，「ポスト-チャンドリアン・エコノミー」に他ならない．

2)　李 [2006] によると，1997 年の 6,634 社から 2000 年の 5,451 社に減少し，さらに中国教育部発展中心のデータによると，2000 年の 5,451 社から 2004 年の 4,563 社に減少している．中国教育部発展中心，http://www.cutech.edu.cn/cn/index.htm　および，2004 年度統計分析，http://www.cutech.edu.cn/cn/kjcy/xbcytj/webinfo/2005/08/1179971252173016.htm　参照．張輝氏は，「中国のイノベーション」http://dndi.jp/16-tyoki/tyoki_5.php　において，「大学発企業」

(校弁企業)は，大学発サイエンスパーク」へと進化しているという．中国科学技術部HP http://www.most.gov.cn/kjbgz/200608/t20060802_35209.htm
3) ケイパビリティーとは，組織(あるいは組織のネットワーク)が持っているルーティンのレパートリーであり，生産，マーケティング，新しい原材料の調達，ファイナンス，そして管理上の知識，スキル，経験などにおける超過能力であり，暗黙知を含むものと定義できる．(Langlois, R. N. / Robertson, P. L. [1995b])
4) コーシアン・イノベーションは，取引費用の削減をもたらす新しいやり方を提案することによってパレート最適を実現する提案をいう．このような定義から，コーシアン・イノベーションとは：シュムペーターの伝統的イノベーションと重なる部分は多いが，イノベーション＝新たな方法を「新しい取引形態，分業体制，取引の場の設定」として見るやり方をコース的という．伝統的なイノベーション観が所与の環境での新規性のみを考慮していたのに比べて，環境の創生も含めたイノベーションを考えられるという利点を持つ．

参考文献

青木昌彦・安藤晴彦編 (2002)『モジュール化』東洋経済新報社, 2002年.

Barzel, Y. (1997) "Economic Analysis of Property Rights" 2nd. ed. 『財産権・所有権の経済分析』丹沢安治訳, 白桃書房, 2003年.

Barzel, Y. (2005) 'Organizational Forms and Measurement Costs', *Journal of Institutional and Theoretical Economics*, Vol.161, 2005, pp. 357–373.

ベサンコ, D. / ドラノブ, D. / シャンリー, M. (2002)『戦略の経済学』奥村昭博・大林厚臣訳, ダイヤモンド社, 2002-12-05出版.

チャンドラー Jr, A. D. (1979)『経営者の時代上・下』鳥羽 / 小林訳, 東洋経済新報社.

Coase, R. (1937) "Nature of the Firm" in: *The Firm, the Market, and the Law*, 企業の本質『企業・市場・法』宮沢健一 / 後藤晃 / 藤垣芳文訳, 東洋経済新報社, 1992年.

張軍宏 / 平野真 / 劉鳳 / 劉培謙 (2007) 中国における大学発ベンチャーの変容と成長—上海同斉科技園での事例を中心に—」国際ビジネス学会年報, 2007年, 141–150頁.

Dew, N. (2006) 'Institutional Entrepreneurship', *Entrepreneurship and Innovation*, February 2006, pp. 13–22.

Foss, N. J. (1996) "Capabilities and the Theory of the Firm" *Revue D'economie Industrielle* n 77, 3 trimestre 1996.

原山優子 (2003)『産学連携』東洋経済新報社, 2003年.

藤本 / 青島 / 武石 (2001)『ビジネス・アーキテクチャ―製品・組織・プロセスの戦略的設計』藤本 / 青島 / 武石編著, 有斐閣, 2001年.

近藤正幸 (2002)『大学発ベンチャーの育成戦略』中央経済社, 2002年.

Lamoreaux, N. / Raff, D. / Temin, P. (2003) "Beyond Markets and Hierarchies: Toward a New Synthesis of American Business History", *The American Historical Review*, 2003, Apr. p. 404.

Langlois, R. N. (1995a) "Do Firms Plan?" Constitutional Political Economy, 6, pp. 247-261.

Langlois, R. N. / Robertson, P. L. (1995b) "Firms Markets and Economic Change", Routledge, 1995.

Langlois, R. N. (2003) "The Vanishing Hand: The Changing Dynamics of Industrial Capitalism", *Industrial and Corporate Change*, Vol.12, No.2, pp. 351-385.

Langlois, R. N. (2004) "Chandler in a Larger Frame: Markets, "Transaction Costs, and Organizatinal Form in History" University of Connecticut, *Department of Economics Working Paper Series, 2003-16R*, revised Jan 2004.

Madhok, A. (1996) "The Organization of Economic Activity: Tansaction Costs, Firm Capability, and the Nature of Governance, *Organization Science*, Vol.7, No.5, pp. 577-590.

Marshall, A. (1890)『経済学原理』, マーシャル, A. 著, 馬場啓之助訳 (1966), 東京経済新報社, (原書初版 1890).

McMillan, J. (2002) *'Reinventing the Bazaar'* —A Natural History of Markets—, W. W. Norton & Company New York.

西崎賢治 (2009)「中国校弁企業の考察——出資関係・人的関係・業績の観点から——」『中国における企業と市場のダイナミックス』丹沢安治編著, 45-74頁, 中央大学出版部, 2009年3月.

Sabel,C. and Zeitlin,J. (2004) "Neither Modularity nor Relational Contracting: Inter-Firm Collaboration in the New Economy", *Enterprise & Society*, vol. 5, No. 3, 2004.

李建平 (2006)「中国における産学連携と校弁企業」,『中国における企業組織のダイナミクス』中央大学政策文化総合研究所研究叢書, 丹沢安治編著, 中央大学出版部, 2006年, 65-89頁.

ローゼンブルーム, R. /スペンサー, W. (1998)『中央研究所時代の終焉』日経BP社, 1998年.

Sautet, F. (2000) *An Entrepreneurial Theory of the Firm*, Routledge 2000.

シェーン, S. (2005)『大学発ベンチャー——新事業創出と発展のプロセス』金井一, 渡辺孝監訳, 中央経済社.

角南篤 (2003)「中国の科学技術政策とイノベーション (技術革新)・システム」PRI Discussion Paper Series No. 03A-17, pp. 1-58, 財務省総合政策研究所.

丹沢安治 (2005)「企業間連携と日本の製造業の新たな戦略——企業境界の再構築——」

オペレーションズ・リサーチ第50巻［第9号］637-643頁，日本オペレーションズ・リサーチ学会．

丹沢安治（2006b）「ライン河上流のバイオ・クラスターにおけるガバナンス構造—コーシアン・イノベーションとイノベーションミックスの視点から—」『三田商学研究』第49巻4号，53-68頁．

丹沢安治（2006c）『中国における企業組織のダイナミクス』中央大学政策文化総合研究所研究叢書，丹沢安治編著，中央大学出版部，2006年．

Teece, D. J. / Pisano, G. / Shuen, A. (1998) 'Dynamic capabilities and strategic management', in *Strategic Management Journal*, Vol.18, Issue7, pp. 509-533.

丹羽由一（2001）「中国における大学系企業の概要—学内ベンチャーの興隆と起業支援」に本政策投資銀行，駐在員事務所報告S-16，2001年．

Yin, X. / Shanley, M. (2008) 'Industry Determinants of the "Merger versus Alliance" Decision', *Academy of Management Review*, 2008, Vol.33, No.2, pp. 473-491.

Williamson, O. (1975)『市場と企業組織』日本評論社，1980/11．

Williamson, O. (1985) *The Economic Institutions of Capitalism : Firms, Markets, Relational Contracting* Free Pr.

Williamson, O. (1988) 'The Economics and Sociology of Organization', in: "Industries, Firms, and Jobs" ed. Farkas, G. / England, P., Plenum Press, New York and London.

Williamson, O. (1999) 'Strategy Research: Governance and Competence Perspectives', *Strategic Management Journal*, 20(12), December 1999, pp. 1087-1108.

Xue, L. (2002) "University-Market Linkage in China: the Case of University-Affiliated Enterprises", Working Paper, 2002年，部分転載 Xue, L. (2006) "Universities in Chinas National Innovation System," UNESCO Forum on Higher Education, Research and Knowledge, 2006年11月．

調査報告書

丹沢（2006a）「ポスト・チャンドリアンエコノミーにおける研究開発戦略」，機械振興協会調査報告書『中堅中小企業の研究開発マネジメント』2006年，3月，79-94頁．

平成18年度経済産業省委託調査［2008］『大学発ベンチャーに関する基礎調査』実施報告書，平成19年度経済産業省委託，(株)価値総合研究所，2008年3月

ホームページ

中国教育部発展中心HP
http://www.cutech.edu.cn/cn/index.htm （2008/08/21最終アクセス）

中国教育部発展中心 2004 年度統計分析（葛永盛訳）
http://www.cutech.edu.cn/cn/kjcy/xbcytj/webinfo/2005/08/1179971252173016.htm（2008/08/21 最終アクセス）（葛永盛訳）
中国科学技術部 HP
http://www.most.gov.cn/kjbgz/200608/t20060802_35209.htm（2008/08/24 最終アクセス）（孫瑩訳）
China Education and Research Network HP, 大学サイエンスパーク発展状況 (2003)(2006).
http://www.edu.cn/gao_jiao_news_367/20060323/t20060323_82248.shtml
http://www.most.gov.cn/kjbgz/200608/t20060802_35209.htm（2008/08/31 最終アクセス）（孫瑩訳）
張輝（2007）HP「中国のイノベーション」
http://dndi.jp/16-tyoki/tyoki_5.php（2008/08/21 最終アクセス）

新聞記事
日本経済新聞（2004）「産学連携―意識に格差」日本経済新聞，2004 年 7 月 9 日，9 頁
日経産業新聞（2005）「日中の大学；中小連携を探る」日経産業新聞，2005 年 5 月 11 日，12 頁
日経産業新聞（2006）「活気づく中国の大学発ベンチャー」日経産業新聞，2006 年 10 月 7 日，11 頁

第2章

広東省中山古鎮における照明器具産業集積の生成とその発展
―― 中国自発的内生型産業集積「専業鎮」の実像 ――

陳　海権

1. はじめに

　珠江デルタは多くの産業が集中し，工場が多く経済が発達していて中国で最も豊かな地域の1つである．改革開放直後から加工貿易の仕組みを活用して製造業が発展した広東省では，2006年の輸出に占める加工貿易比率は69.0％に上っている．広東省における製造業発展の推進力は，外資企業の力を借りた外生型成長モデルであるとよく知られている[1]．珠江デルタを中心とする広東の産業集積は20年以上の歴史を有するが，それを支えてきたのが香港と広東省の相互メリットを利用した外資系企業による生産分業体制である[2]．つまり，香港のもつ優れたハード，ソフトのインフラと広東省の低廉かつ豊富な労働力，地代等を結びつけることによって国際競争力を強化し，輸出の増加と収益性の向上を図ろうとする企業活動が反映されている．珠江デルタには，製品別にみると，おおよそ6つの外資主導の産業集積がみられる（表1参照）．とりわけ，珠江デルタ東岸に位置する深圳，東莞，恵州には1990年代前半から電子・通信を中心に4つの産業集積が形成された．具体的には，①深圳を中心に日系企業からなる複写機の産業集積である．1990年代に入ってリコー，東芝，コピア，シャープ，コニカ，富士ゼ

表1 珠州デルタの主要な都市産業クラスターの概況（2002年）

地域・都市名	香 港	深 圳	東 莞	広 州	佛 山[注1]
人 口	680万人	700万人	350万人	1,000万人	530万人
GDP2002年	1,630億ドル	260億ドル	760億ドル	350億ドル	530億ドル
対外投資2002年	4.05億ドル	26億ドル	10億ドル	30億ドル	1億ドル
中枢産業 (Key industries)	金融・海運 貿易	エレクトロニクス 通信設備	コンピュータ エレクトロニクス	自動車 電気製品	陶磁器 繊維・衣類

（注）　四小竜に挙げられる順徳は2002年末に佛山市に併合された．しかし，上記の，佛山には，順徳が，家電と家具の世界的クラスターを形成している重要事実を記載していない．テレビ産業が集積する恵州，順徳に隣接する中山，澳門に接する珠海市も同様に軽視されている．
（出所）　"Damage in the delta - How hard will SARS hit southern China?", *Business Week*, Apr. 21, 2003, p. 19 より抜粋．

ロックスが深圳に，ミノルタが東莞に進出し生産を開始した．②また，東莞を中心に深圳，恵州にまたがる地域には，台湾企業を中心とするPCなどIT関連機器の一大集積が形成されている．台湾企業は1993年頃から珠江デルタへ進出し始め，1990年代末にはコンピュータの主要部品，ベアボーン生産の世界的なメッカとなっている．このほか，③深圳，東莞の両市に日系あるいは香港系からなるカメラ，時計など光学・精密機器の集積，④東莞を中心に台湾企業による靴・履物および家具などの集積も早くから形成されている．さらに最近注目を集めているのが珠江デルタの中央部と西岸である．⑤珠江デルタ中央部の広州と珠江デルタ西岸の中山，江門には日系，香港系，中国系企業からなる家電産業などがセットメーカーだけでなく部品・パーツメーカーまで含めた裾野の広い産業の集積がみられる．そして最近では，⑥広州市にホンダ，トヨタ，日産の日系3社からなる自動車産業の集積が形成されようとしている．

しかし，1990年代以降，広東省各地には，数多くのある特定の業種の生産，販売が一体化した産業集積（産業クラスターとも呼ばれる）が出現した．それは，主に鎮（日本でいえば町）を単位に生成された中小企業を主体とした産業クラスターである．広東省科学技術庁の統計によると，珠江デルタを中心に，機械，印刷，ハードウェア，照明，電気製品，繊維，家電，建築材

表2 広東省「専業鎮」の地域分布表

	地域	2000年	2001年	2002年	2003年	2004年	2005年	2006年	合計
1	広州	1							1
2	珠海				1				1
3	汕頭	1		2	3	5	6	5	22
4	韶関				1		3	1	5
5	河源					2	1	3	6
6	梅州			2	1	1	5	3	12
7	惠州				1		2	1	4
8	汕尾		1	1			1	2	5
9	東莞	1	3	2	1		2		9
10	中山	2	2	2	2		2	1	11
11	江門		1	5	3	1	4	2	16
12	仏山	2	6	7		6	5	4	30
13	陽江				2			2	4
14	湛江			1		5	3	2	11
15	茂名				2	3	3	3	11
16	肇慶		1		1	2	4	3	11
17	清遠						4	2	6
18	潮州			4	2	1	2	3	12
19	掲陽			1		3	3	2	9
20	雲浮			1	2	3	6	3	15
	合計	7	14	29	21	32	56	42	201

(出所) 広東省科学技術庁のホームページより作成.

料，電気音響，衣類，物流，美術工芸品，農業，果物や野菜を深加工，養殖，花，紅茶，家具，精密化学品，観光，バイク，セラミックス，石材，食品，飼料，玩具，履き物，オーディオビジュアル製品，ニット衣料品など，30以上の産業や製品カテゴリーがある．こうした「専業鎮」の台頭は，これまでの外資主導による産業集積の形成とは異なり，自発かつ内生的な特徴を持ち，地域経済に大きな貢献をしている重要な経済形態である．

　2005年には，広東省の「専業鎮」が159に達し，GDPが4,658.32億元となり，全省GDPの21.5％を占める（表2，2006年末では201の専業鎮

表3 珠江デルタにおける代表的な「専業鎮」

鎮　名	工業総生産額 （億元）	特色産業	特色産業の生産額 （億元）	特色産業の比重 （％）
中山古鎮	32.46	照明器具製品	25	77.02
中山小欖	109	五金製品	34.88	32
東莞石竜	31.4	電子製品	—	—
仙山張搓	26.3	織物製品	17.1	65.02
南海西樵	62	紡績製品	28	45.16
澄海風翔	30.29	オモチャ	21.2	69.99
花都獅岭	37.69	皮製品	28	74.29
高要金利	17.1	五金製品	17.1	100
順徳倫敦	81.9	木材加工機器	7.6	9.28
南海金沙	7.32	五金製品	5.8	79.23

（出所）広東省統計年鑑，2000年．

がある）．159の「専業鎮」は，全広東省の1,117鎮の14.2％，総人口の20.7％を占めるが，GDPでは56％，財政収入では60％を占める．これより，「専業鎮」が広東省の農村経済に重要な役割を演じていることがはっきり分かる．そして，2005年，広東省にある159の「専業鎮」は，42万人の専門技術者を有し，その中で研究開発者は約25万9,000人を上回り，強力な技術サポートを行っていると同時に，伝統産業のアップグレードをしている[3]．

外資主導の産業集積の陰に隠れてはいるが，珠江デルタにおけるこうした内生型産業集積については，研究を深める余地が大きいと指摘できる[4]．本章は，産業集積に関する理論的な先行研究に照らして，広東省中山古鎮における照明器具産業集積の生成と発展について検討し，中国自発的内生型産業集積「専業鎮」の実像と今後の発展のあり方を考察する．

2．産業集積の古典と近年的理論アプローチ

産業集積はある種の重要な経済現象として，多くの学者から関心を寄せら

れ，さまざまな角度から研究がなされている．ちなみに，産業集積の理論は，19世紀のアルフレッド・マーシャルに始まり，その後，あまり注目されてこなかったが，近年，ポール・クルーグマンやマイケル・ポーターが注目し，理論的発展を進めてから各国で研究が盛んになっている．ここでは主な4つの理論を概観する．

(1) マーシャルの集積論

産業が一定地域に自己増殖的に集積を増していくメカニズムは19世紀にイギリスの経済学者マーシャル（1920）が初めて着目し，マーシャルはそうした現象が起こる要因として次の3つを挙げた．

第1，技術的な外部経済性．これは多数の同業者が集まることにより共通の情報基盤ができ，技術革新があると即座に伝播するといった知識・情報のスピルオーバーの効果である．これは同業者組合や商工会議所といった組織があると促進されやすい．

第2，中間財（サービスを含む）生産の規模の経済性．これは同業者が集まり地域での生産規模が大きくなると，内製化されていた中間財は，分業化され外注されるようになる．中間財生産の規模の拡大によりそれら単価も下がり，企業にとってコスト削減効果が生じる．

第3，技術者，技能者の市場の形成．集積が進むことにより特定の技術者や技能者に対する一定量の需要が生ずるが，技術者等を求める企業にとっても職を求める技術者にとっても，集積地では容易に求人，求職が満たされる．そうした地域的な近接性がサーチコスト（求職，求人のコスト）を低減化させる．

(2) ウェーバーの集積論

産業の地域的偏在や都市の生成などについては，経済地理学や都市経済学の分析対象となってきた．そうした先駆的なものとして20世紀初めにウェーバーが，工業が地域的に集中する要因をモデルを使って説明する工業立地

論を展開した．ウェーバーの基本的な切り口は「費用の最小化」である．費用の中身は輸送費と労働費が中心である．輸送費の場合，工場の最適な立地点は原材料の輸送費と製品の輸送費の合計が最小になる地点である．また，労働移動がないという仮定を置いて労働費の最小地点を設定し，重量当たりの原材料と製品の輸送費と労働費の比較でそれぞれの産業の立地が決まってくるとした．ウェーバーはそうした立地要因の他に集積を促進する要因として「規模の経済」と事業主体の距離的近接による「外部経済効果」を指摘している．

(3) ポール・クルーグマンの集積論

クルーグマン（1994）は，従来，経済学のテーマとしては十分な理論的分析がされてこなかった産業の空間的な配置がどのようなメカニズムで生じるかについて，再び理論的に焦点を当て，新しいモデルによる説明を試みた．そして，産業が集積する世界的な関心を呼ぶ契機を作った．クルーグマンは，従来の工業立地論が，特定産業の生産地と需要地との輸送コストによる産業の配置を考えたモデルであったのに対し，製造業と農業という2部門で，東部と西部という2地域のより一般化されたモデルで説明し，尚且つ産業の配置そのものが需要を作り出す（被雇用者も需要者となる）こともモデルの中で内生化して説明した．また，クルーグマンは全米の産業の集積度合いについて事例調査を行い，産業が特定地域に集積する傾向を実証的に証明した．彼は集積が起こる要因の中では，中間財生産の規模の経済性と熟練労働者市場の形成のメリットに重点を置いている．

(4) ポーターの集積論

ハーバード大学ビジネススクール教授であるポーター（1990）は，国の競争優位は産業内の絶えざるイノベーションから生じるとした．そうした優位は次の4つの要素を挙げ，野球の内野の意味であるダイヤモンドと名づけた．
そのイノベーションを生み出す産業集積を産業の競争力の源泉と位置づけ，

中でも，集積内の企業同士の「競争と協調（Competition & Cooperation）」が集積の競争力向上をもたらすと指摘した．この考え方は，これからの産業集積を考える上で大変重要である．確かに1つの技術革新から新しい産業が起こると模倣者が雨後の筍のごとく生じ，激しい競争が起こり，競争力を強く持ったものが勝ち残り市場を支配していく．そして，生き残った企業は真に実力をつけ国際的な競争力を持った企業に成長する．そうした競争の効用が集積内で発揮される一方で，集積に共通する利害に関することでは，同業者同士が協力するなど「協調」が行われる．たとえば，企業家同士が一種のインフォーマルな仲間組織（ネットワーク）をつくり，その中でいろいろな新しい機械や製品のアイデアが提案され，それら仲間で機能分担しながら新製品や機械の開発が行われる．こうした集積内の協調的活動は集積内の企業に大きなメリットを生む．

(5) 論点の総括

1980年代までの産業集積論には，立地論的に産業集積の発生のメカニズムを論じるウェーバーの系譜と，中小企業論的に産業集積の機能と存続のメカニズムを論じるマーシャルの系譜の2つがある（松原，1999）．ウェーバーは，運送費や労働費といった単なる地理的な優位性と企業が集まること自体から得られる優位性とを明確に区別して産業集積の発生を論じていた．また，マーシャルも，地理的な優位性が失われたにもかかわらず，産業集積が驚くほど長期に亘って存続することに大きな関心を寄せていた．つまり，それまで産業集積研究の論点は，地理的な利益とは峻別された「集積の利益」のメカニズムの解明にあるといえる．しかし，内部経済では他の企業を近隣に呼び寄せることはできないので，他の企業を近隣に呼び寄せることができる外部経済（複数企業が直接的な相互作用を及ぼしあうことによって得られる利益）に着目すべきである．

1990年代に入ると，クルーグマンとポーターの産業集積論は集積の空間的な配置と集積のイノベーションに着目した．特に，ポーターが指摘した

「集積内の企業同士の競争と協調（Competition & Cooperation）が集積の競争力向上をもたらす」という観点が重要なインプリケーションをもっている．産業集積は，新しい製品を開発したり新しい事業を展開する企業を生み育てる基盤である．そしてそれ自身が新たに産業集積の形成を促進していく．その産業集積は，成長企業がリードすることによって拡大し高度化していく．産業集積の規模が大きくなるほど，分業が高度化し，より専門化した企業を生むことができる．相互作用効果である産業間シナジー・産業内シナジーが生まれ，事業が発展する可能性を高めるからである．

しかし，発生した産業集積は必ずしも自動的に外部経済を発生・存続させるわけではないので，外部経済が発生・存続するための条件も探る必要がある．その際，企業，仲介組織，政府などの役割を検討する必要がある．以下本章は上述した諸論点に照らしながら，中山古鎮における照明器具産業集積の生成とその発展のメカニズムを考察する．

3．中山古鎮における照明器具産業集積の生成メカニズム

（1） 中山古鎮の発展概況[5]

中山市は孫文の故郷である．珠江デルタの中南部にあり，改革開放以降急速に成長している地域である（表4参照）．中山古鎮は中山市が直轄している1つの鎮であるが，広東省中山市の北西にあり，中山，江門，仏山など2市のインターチェーンジにもある．まちの常住人口は6万8,000人，外来流動人口は約10万人を超える（表5参照）．

改革開放以来，中山古鎮は，工業を重視すると同時に，農業，商業を三立させてきた．経済発展につれて，中山古鎮は単一産業構造である農業のまちから，照明器具，花，苗木産業を柱とした工業重鎮に変身した．2007年，全鎮の工業，農業，商業の総生産額は190億元に達した．GDPは60億元で，1人当たりのGDPは1.2万米ドルを超える．

表4 2006年中山市における主要な経済指標

	数　額	増　幅（％）
国内生産総額（GDP）	817.6億元	15.2
工業総生産額	2,495.7億元	21.7
海外輸出総額	122.1億米ドル	22.1
社会消費品小売総額	276.6億元	17.9
都市部住民年間の可処分所得	17,255元	9.0
農民の平均年間所得	8,102元	10.1

（出所）中山市統計年鑑，2007年．

表5 中山市における鎮の人口，面積とその特色産業

鎮　名	面積（km^2）	戸籍人口（人）	外来人口（人）	特色産業
小　欖	71.0	149,871	87,000	金属プレス製品
大　涌	45.5	28,267	27,911	マホガニーの家具
古　鎮	47.8	65,425	56,429	照明器具
東　昇	79.2	66,009	45,854	金属プレス製品
東　鳳	54.0	68,932	35,233	小型家電
板　芙	70.0	29,592	30,000	小型家電
南　朗	206.0	37,665	50,114	家具，くつ
埠　沙	40.0	37,611	7,113	家具
民　衆	120.8	69,332	11,830	紡績品
黄　圃	83.6	82,662	16,550	肉の燻製品
坦　洲	136.0	60,716	8,000	工芸品
南　頭	30.0	41,209	14,874	小型家電，紡績
神　湾	59.0	16,324	7,237	家具，工芸品
五桂山	113.0	7,301	11,000	紡績
沙　溪	55.0	61,706	68,445	服装
港　口	70.5	55,373	24,538	小型家電，オモチャ
三　角	61.0	52,068	12,649	紙製品
三　郷	96.0	34,300	141,400	小型家電，工芸品
横　栏	76.0	53,113	15,000	金属プレス製品

（出所）中山市統計年鑑，2001年．

中山古鎮における経済構造と産業構造の特徴が非常に目立つ．それは，個人や民営経済が経済総量の95％以上を占めているが，照明器具産業が古鎮の第一大基軸産業でもある．2002年，中国軽工業連盟と中国照明電気協会賞から「中国照明器具の都」の名誉称号を贈った．

1982年から今日にいたるまで，古鎮は世界的な照明器具専業市場になり，中国国内最大の照明器具生産基地と卸売り市場になった．その店舗の数は1万店を超え，古鎮の「新興大道」に約10キロの照明器具通りができた．2007年末，古鎮で登録した照明器具工場が5,000軒をのぼり，約6万人が働いている．2007年，照明器具産業の総生産額は150億元に達し，全国市場シェアの60％を占める．そして，古鎮の照明器具製品は国内だけではなく，香港，マカオ，東南アジア，日本，米国，ヨーロッパ，100を超える国や地域に輸出し，2007年には6.1億米ドルの輸出実績をあげた．

(2) 中山古鎮における照明器具産業集積の生成および要因分析

(1) 古鎮における照明器具産業集積の生成過程

古鎮における照明器具産業集積の生成過程は次の4段階に分けることができる．

第1発展段階：生成初期（1970年代後半-1980年代後半）．1970年代後半，古鎮にある2軒の生産企業は，丸形蛍光灯，テーブルランプ，緊急時用のランプなどの製品の製造を開始した．その後，一部の農民がそれを模倣した．その中で，典型的な企業は電気コップを生産する古鎮家用電気工場と主に小型蛍光灯とテーブルランプを生産する古鎮変形灯具工場がある．古鎮家用電気工場の販売員が旅行をきっかけに照明器具生産の可能性を見つけ，その後，繰り返し市場調査を行い，ワイヤ，パイプ，電球やランプホルダーなどを使って簡易なテーブルランプを作り，完成された商品を市場に投入したところ高い人気を得た[6]．このように，古鎮における多くの人々は照明器具と関連するビジネスチャンスを狙って，事業を起こした．特に1983年から，古鎮海洲に数軒の照明器具工場が出現した．これらの工場は夫婦または兄弟

で経営し，近隣にある南海和順徳から部品を購入し，組み立ててから全国に売り出した．

第2発展段階：照明器具卸売り市場が形成する段階（1990-1999年）．1990年代初頭，政府からの支援と指導を受けて，約300軒の照明器具店からなる照明通りができた．当時，広東省の照明産業は浙江省より遅れていたが，そのあとの10年間，広東省の照明産業は江蘇省や浙江省との激しい競争の時代に入った．

第3発展段階：国際照明器具博覧会を活かした急速な発展段階（1990年代以降）．1999年に入ると，江蘇省と浙江省における民用照明業の競争力が低下しつつあった．ちょうどその頃，政府が主導で国際照明器具博覧会が古鎮で開催されるようになった（表6参照）．国際照明器具博覧会の開催は，古鎮の照明業界によい影響を与えただけでなく，資金，情報，人材，物流などが古鎮に集中するようなった．2007年10月18-23日にわたって開催された第6回国際照明博覧会は，7万人以上の入場者があり，そのなかで約7,000人が海外からのバイヤーである（表7参照）．出展した企業は515社で，展示コーナーは2,107にのぼった．それは，これまでの博覧会の最大規模でもあった．

第4発展段階：外部から企業移転を活かした発展段階．産業集積の知名度とその優位性が顕著になったため，近年全国各地から多くの照明器具企業，

表6　中山古鎮照明器具博覧会における出展企業の概況（1999-2007）

年	出展企業数	展示コーナーの数
1999	200	—
2002	457	1,535
2004	649	1,982
2005	445	1,886
2006	461	1,851
2007	515	2,107

（出所）http://www.gzlightingfair.com/index.php?op=list&pid=1&kid=5

表 7 中山古鎮照明器具博覧会における来場バイヤーの概況

年	国家と地域	バイヤー総数（人）	国内（人）	国外（人）
1999	28	—	—	—
2002	63	37,420	33,638	3,782
2004	75	51,302	46,575	4,727
2005	99	55,620	50,417	5,203
2006	113	60,236	54,503	5,733
2007	124	69,952	63,324	6,628

（出所）http://www.gzlightingfair.com/index.php?op=list&pid=1&kid=5

そのなかで特に江蘇省と浙江省から多くの企業が古鎮に移転した．温州系，四川系，安微系などの企業が目立つ[7]．

(2) 古鎮における照明器具産業集積の特徴

第1の特徴は，古鎮における照明器具産業集積の形成が自発的内生型である．産業集積の分類については，橋本寿朗が日本の産業集積の類型として次の4類型を挙げている（清成他，1997）．① 大企業中心型，② 中小企業中心型，③ 産地型，④ 大都市立地ネットワーク型．この分類では，古鎮における照明器具産業集積の特徴を完全に捉えることはできない．そして，それはまた，産業集積のダイナミックな生成，発展，衰退といった過程を捉えるには十分でない．実際に，産業の集積が偶然的な要因で生じることはよくあることである．前述したように，古鎮における照明器具産業集積の形成は，たまたま新しい照明製品を開発した人がいた土地で事業を興し，その後多くの地元の人が模倣して形成された産業集積である．その意味において，古鎮における照明器具産業集積は自発的内生型の特徴をもっている．もちろん，その後，温州系，四川系，安微系などの企業が古鎮に移転するようになったことは「移転型」集積の特徴も有している．

第2の特徴は，古鎮における照明器具の生産とマーケティングがともに絶えずにアップグレードしていることである．たとえば，生産領域では，最初の組み立てを中心とした生産から香港，また海外の照明製品を模倣した生産，

そして近年では自己開発を重視した生産に移っている．それは，激しい競争のなかで，近年成長した大手照明企業，たとえば"華芸"和"欧普"などが自主イノベーションを重視しているからである．他方，マーケティング領域では，全国各地に販売するシステムから専業市場の建設，そして，近年では照明博覧会を活かした販売ルートが開発されるようになった．

第3の特徴は，古鎮における照明産業の経営規模と品種が拡大し続けることである．これまで，古鎮における照明産業は生産，販売を一体化したシステムが形成された．サプライチェーンシステムがきちんと機能している．そして，技術の進歩と需要多様化を背景に，古鎮における照明産業の経営品種が多様化している．それは，民用照明を基軸としながら，省エネ照明，野外照明，LEDなど新光源の照明器具を開発するようになったからである．

第4の特徴は，古鎮における照明産業集積は中小企業だけではなく，大手照明器具企業も次々と誕生した．現在のところ，古鎮では，"中国照明の都"という地域ブランド以外に，華芸，欧普，勝球，両益，奥科特，開元，東方，松本照明，三立，艶陽，振輝など大手企業また知名なブランドが出現した．2007年10月まで，広東省の知名ブランド製品に選ばれた古鎮のブランドは6つあり，広東省の著名ブランドは8社ある．政府統計によると一定規模の企業数は，2000年の60社から2005年10月の139社に増加した[8]．

第5の特徴は，古鎮における照明器具産業集積の発展において政府が重要な役割を演じたことである[9]．古鎮における照明産業集積の形成は市場の自発的形成であるが，政府も重要な役割を演じた．1990年，古鎮政府は照明産業が古鎮における未来のトップ産業であることを位置づけ，さまざまな支援を行った．1999年には，政府が多くの困難を克服し，手作りの第一回の国際照明博覧会を企画した．2001年には，古鎮政府が「古鎮専業鎮技術革新計画」を策定し，照明産業の技術力の向上を図った．その後，中山市古鎮企業技術センターおよび中山市古鎮照明工程技術研究開発センターをベースに，科学技術革新サービスセンターを創設した．そして，広東省科学技術庁などの支援を得て，復旦大学，天津大学，中山大学，華南理工大学など高等

教育機関と産学連携をも行った．さらに，また，2002年，2005年，2007年の3回にわたって「古鎮における照明産業集積の発展戦略」を改定した．

第6の特徴は，仲介組織による支援サービスが絶えず向上していることである．近年では，古鎮における照明器具産業のサービスプラットフォームの建設が開始された．それは，技術革新サービスセンターを含む，ランプの品質検査センター，ネットワークインフォメーションサービスセンター，公共の仲介サービスセンター，市場開発サービスセンター，職業技術訓練センターの6つのセンターを建設することによって，照明器具産業発展のための総合的な支援サービスの向上を図る．

4．中山古鎮における照明器具産業集積の発展課題

前節で明らかにしたように，中山古鎮の照明器具産業集積の発展レベルがまだ低いといわざるを得ない．それは，技術革新力が不足，知名度の高いブランドの欠如，製品の付加価値が低いことなどが背景にあると指摘できる．こうした問題点を解決するには，次のような課題をクリアしなければならない．

(1) マーケティング機能の強化

今日では，つくれば売れる時代から，市場ニーズに適応した製品・サービスが求められる時代になっている．しかも，照明製品のライフサイクルの変化がますます早くなり短縮化している．したがって，いかなる企業も顧客ニーズを的確にとらえることが一層必要である．中山古鎮の照明器具産業集積の市場対応力を見たとき，デザイン機能やマーケティング機能を強化することが強く求められる．それは，事業の価値が顧客に価値をもたらし顧客満足によるものであるからである．他方，古鎮の商人たちは，「専業市場」という「座って客を待つ」というビジネスモデルから転換する必要がある．それは，受身のビジネスモデルから積極的な事業転換を意味している．そして，製品

の品質を重視するとともに，ブランド作りも重要な課題であると指摘できる．

(2) 人材の育成

　人がいなければ産業活動は実行されない．新しい産業が特定地域で先行的に発達していくのは，そこに核となる人がいたり地域環境が有利であるからである．そこで，人材を引きつけるためには，産業集積の形成についての明確な方向性，戦略を持つことが必要である．そして，人材を確保するには，生活・文化環境を改善して地域を魅力ある場所にすることが，基礎的な条件として重要であろう．LEDなど新光源の時代の到来につれて，今後古鎮における照明器具産業の発展は優秀な人材，特に優秀な技術者の育成が非常に重要であると指摘できる．

(3) 人・情報を中心とした産業ネットワークの構築

　地域経済に厚みのある潜在能力を高める産業集積を形成するには，同業者や協力企業を含めた事業上の取引関係の基礎の上に地域に形成されるネットワークがきわめて大切である．産業ネットワークが弱い場合には，必要な部品・材料が入手できなかったり，加工ができないということになるからである．分業の高度化は，産業のネットワークが進むことであり，固有の経営資源・能力が集積されることである．人件費，地価などの高騰を背景に，古鎮における生産コストがかなり高くなった．一部企業が古鎮から転出することも少なくない．こうした背景に，今後古鎮は人・情報を中心とした産業ネットワークの構築に力を入れるべきである．それは，古鎮が照明器具産業の販売本部機能を位置づけるべきであり，周辺の資源を統合すべきである．

5．おわりに

(1) まとめ

　現在，産業集積は学術分野のみならず，行政の政策担当者やビジネス関係

者の間でも大きな注目を集めている．これは1つには世界の中で先進国のみならず中進国，発展途上国においても，産業集積が形成され発展する地域が現れてきていることと，産業集積の機能が，産業の競争力のみならず，国の経済の競争力向上にも大きく影響をおよぼすことに着目され始めたからである．

改革開放の進んだ1980年代から中国経済は，経済開放区を活用した外資系企業の誘致を梃子として，地域企業の成長も著しく，飛躍的な発展を遂げ，沿岸部を中心に多くの産業集積を形成した．本章では，こうした外生型産業集積に着目するのではなく，これまであまり関心を寄せられなかった「専業鎮」について，中山古鎮の照明器具産業に事例を求め，その産業集積の生成過程とメカニズムについて考察した．明らかにしたのは，以下のとおりである．中山古鎮の照明器具産業が自発的内生型的な特徴を持っている．そして，古鎮における産業集積の形成は政府が重要な役割を果たした．しかし，これまでの中山古鎮の照明器具産業集積の発展を照らしたとき，その発展レベルがまだ低いといわざるを得ない．それは，技術革新力の不足，知名度の高いブランドの欠如，製品の付加価値が低いことなどが背景であると明らかにした．

(2) 今後の課題

周知のように，産業集積の形成過程を具体的に見ていくと，当然ながら集積を作る主体は企業である．そしてそれは，企業の投資活動であり，それを決定するのは，企業の経営戦略である．グローバル化が進む国際経済の中で，企業がその経営戦略として，どのような地理的な分業体制を世界で組むかによって各地域の産業集積の形態は大きく変わってくる．この観点から古鎮における照明企業の今後の経営戦略を探ることは大きな課題である．

1) 安い労働力と土地とともに，産業の集積は珠江デルタの国際競争力の源になっている．中でも，東莞市を中心にできあがったIT関連の産業クラスターは世界でも最大級のものである．

2) 改革開放の進んだ1980年代から中国経済は，経済開放区を活用した外資系企業の誘致を梃子として，地域企業の成長も著しく，飛躍的な発展を遂げ，沿岸部を中心に多くの産業集積を形成した．その中でも深圳，広州などの珠光デルタ地帯，上海，蘇州，杭州にいたる長江デルタ地帯，中関村を中心とした北京市の3つの集積がスケールの大きな産業集積となっている．珠江デルタ地帯は安い労働力を活用した委託加工により電気・電子産業が集積している．ここでは中小企業の部品メーカーが多く立地しており，輸出志向が強い．長江デルタ地帯は，大企業中心で資本集約的な産業が多く揃っている．市場としては，内需志向が比較的強い．北京は，多くの優れた大学との産学連携に特徴があり，コンピュータソフト産業やバイオといった先端産業が急成長している．
3) 2005年は，9,113件の特許申請が許可された．
4) 中山古鎮照明産業に関する研究は，何人かの中国人研究者による先行研究がある．たとえば，米増渝（2003），申兆光，邴国良（2007），中山古鎮照明産業調査プロジェクトチーム（2007）などがある．しかし，筆者が調べたところ，日本語の文献はなかった．
5) ここでは，主に古鎮人民政府のホームページを参照した．
6) 中山市古鎮経済貿易弁公室（2006）中山市古鎮照明産業集積，『現在郷鎮』（第1期），20-21頁．
7) 2007年9月，筆者が行った現地調査では，温州系の商会，四川系の商会，安微系の商会などの外来商会がすでに組織されている．
8) 古鎮人民政府のホームページによる．
9) ここでは，申兆光，邴国良（2007）広東省中山古鎮における照明産業の発展モデルに関する研究，『改革と戦略』（第7期）を参照した．

参 考 文 献

Fujita, M., P. Krugman, A. Venables (1999), *The Spatial Economy: Cities, Regions, and International Trade* （小出博之訳『空間経済学』，東洋経済新報社，2000）.

Krugman, Paul (1991), Geography and Trade, Cambridge, Mass.: MIT Press （北村行伸・高橋亘・妹尾美起訳（1994）『脱「国境」の経済学：産業立地と貿易の新理論』，東洋経済新報社）.

Marshall, Alfred (1920), *Principles of economics* (8th ed.), London: Macmillan （永沢越郎訳（1997）『経済学原理』，岩波ブックサービスセンター）.

Marshall, Alfred (1923), *Industry and trade: A study of industrial technique and business organization, and of their influences on the conditions of various classes and nations* (4th ed.), London: Macmillan（永沢越郎訳（2000）『産業と商業：産業技術と企業組織，およびそれらが諸階級，諸国民に与える影響の研究』，岩波ブックサービスセンター）.

伊丹敬之他（1998）『産業集積の本質』, 有斐閣.
清成忠男, 橋本寿朗編（1997）『日本型産業集積の未来像』, 日本経済新聞社.
松原宏（1999）「集積論の系譜と『新産業集積』」,『東京大学人文地理学研究』第13巻, 83-110頁.
高岡美佳（1998）「産業集積とマーケット」伊丹敬之・松島茂・橘川武郎編著『産業集積の本質：柔軟な分業・集積の条件』, 有斐閣, 95-129頁.
中山市古鎮経済貿易弁公室（2006）「中山市古鎮照明産業集積」,『現在郷鎮』（第1期）.
鄭海涛, 周海涛（2006）『広東産業集積のアップグレードに関する研究』, 経済科学出版社.
申兆光, 邝国良（2007）「広東省中山古鎮における照明産業の発展モデルに関する研究」,『改革と戦略』（第7期）.
米増渝（2003）「珠江デルタ専業鎮の経済発展――中山市古鎮照明器具専業鎮のケーススタディー」,『中国农业大学学报（社会科学版）』（第4期）.
王緝慈等（2001）『イノベーションの空間――企業集積と地域の発展』, 北京大学出版社.
中山古鎮照明産業調査プロジェクトチーム『中山古鎮における照明産業の発展戦略に関する報告』, 2007年10月.
Krugman P. Development, Geography and Economic Theory, Cambridge, MA : MIT Press, 1996.
Michael E. Porter, The Competitive Advantage of Nations, N. Y. Free Press, 1990.

第 3 章

中国校弁企業の考察
——出資関係・人的関係・業績の観点から——

西 崎 賢 治

1. 問題の所在

　中国における校弁企業とは,「その経営がなんらかの形で大学の管理下に置かれている企業であ」[1]る. 税法では, 税制上の優遇を受けることのできる校弁企業の要件として, ① 学校自らが出資していること, ② 学校が経営管理の責任を負うこと, ③ 経営収入 (利益) が学校の所有物となること[2], と規定されている.

　校弁企業は, 当初, 産業の育成や大学の資金不足解消を目的として設立され, 税制上の優遇策等もあったことから, ピーク時には 6,000 社を超えた. 現在は 5,000 社前後[3]で, 少しずつ減少しながらも多数存続している. 校弁企業のなかには, 上場会社へと成長した企業もあり, 北大方正など国際的にも著名な企業も誕生するようになった.

　校弁企業は, 産業育成や人材育成という観点から, 社会に一定の成果をもたらした. また, 一部の校弁企業は多額の資金を大学に還流させて, 資金不足にある大学運営に多大の貢献をした. その一方で, さまざまな問題点も浮上するようになった. 校弁企業の健全な成長は, 高新 (ハイテク) 技術産業開発区や軟件園区 (ソフトウェア・パーク), 国家大学科技園[4]など, 大学

を軸とした産業集積の健全な発展にも欠かすことができない．

こうした状況について，本稿は過去の研究を通して整理する．その後，主要な校弁上場企業数社を取り上げて，現状と問題点を比較検証する．そして，最後に校弁企業の関係を考察することで，大学と校弁企業の将来性を総括したい．

2．校弁企業研究の動向と校弁企業の現状

(1) 日本における校弁企業研究の全体的動向

日本の校弁企業研究の動向は菅沼が詳しい[5]．菅沼は，研究アプローチ方法や論文・書籍の出版数などから過去の校弁企業研究を分類した．

まず，研究アプローチ方法による分類は以下のとおりである．菅沼は，研究アプローチ方法の大枠を「校弁企業全体を分析するアプローチ方法」と「個別の校弁企業を分析するアプローチ方法」で分けた．そして，その両者の間に「Ⅰ．政策ベースの分析」，「Ⅱ．校弁企業間の分析」，「Ⅲ．個別企業の分析」が含まれる，としている．このなかで，より全体的なアプローチを採っているのがⅠであり，より個別的なアプローチを採っているのがⅡである．Ⅲは中間的なアプローチ方法である（図1）．

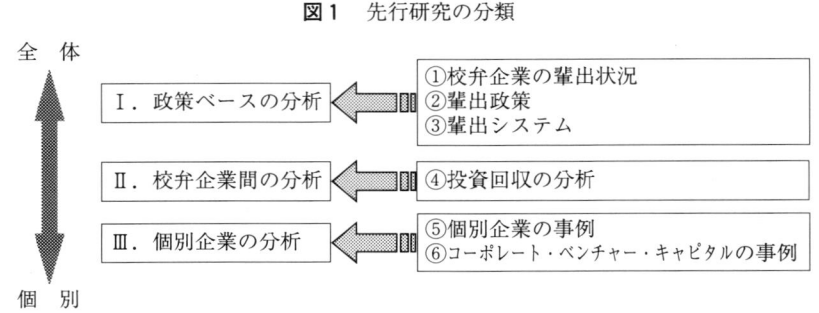

図1　先行研究の分類

全体 ↑	Ⅰ．政策ベースの分析	①校弁企業の輩出状況 ②輩出政策 ③輩出システム
↓ 個別	Ⅱ．校弁企業間の分析	④投資回収の分析
	Ⅲ．個別企業の分析	⑤個別企業の事例 ⑥コーポレート・ベンチャー・キャピタルの事例

（出所）菅沼成正（2006）より記載．

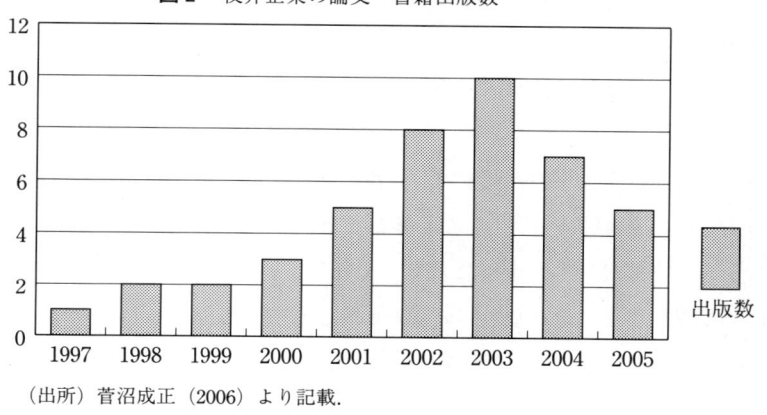

図2 校弁企業の論文・書籍出版数

(出所) 菅沼成正 (2006) より記載.

　Ⅰには，校弁企業の輩出状況，輩出政策，輩出システムの分析等があげられる．具体例として，校弁企業数，校弁企業の収入，政府の起業支援制度，校弁企業の設立スキームなどの調査である．Ⅱは投資回収の分析等が，Ⅲは個別企業の事例やコーポレート・ベンチャー・キャピタルの事例分析等が，それぞれあげられている．菅沼によると，この中で従来の研究はⅠに集約されており，ⅡやⅢの研究は少ないとされる．

　次に，菅沼は校弁企業を扱った論文や書籍の日本での出版頻度についても検証した（図2）．これによると，論文・書籍出版数は2000年から増え始め，2003年のピークを境に減少傾向をたどっている．これは1990年代後半から校弁企業が上場されたことや，校弁企業を規範化する指導意見として，「北京大学・清華大学に対する校弁企業の経営を規範化する指導意見」や「北京大学・清華大学に対する校弁企業の管理体制の試験的規範化に関する問題点の通知」等の公表に注目が集まったためと推測される．

(2) 先行研究から見た校弁企業の現状
(1) 日本における校弁企業研究―「政策ベースの分析」を中心として

　ここでは「政策ベースの分析」として，日本貿易振興会北京センター知的

財産権室，角南篤，李建平などを取り上げよう．

まず，日本貿易振興会北京センター知的財産権室は，「産学官」連携の観点から校弁企業と各種開発区の関係について，個々の校弁企業の事例分析を交えて網羅的に考察した[6]．同センターは，主要大学による大型ハイテク校弁企業の設立は，世界の「産学官」連携の発展方向と中国のそれが足並みをそろえたことを意味する，としている．また，ハイテク開発区が人員，技術，プロジェクト等に関して大学に依存して建設されたことから，「産学官」連携における重要な基地となっている，と評価している．

次に，角南篤は中国の「産学研」合作と校弁企業改革を考察した．角南は，政府の教育行政・科学技術支援策と校弁企業の発展状況について整理すると同時に，校弁企業の経営責任をめぐる問題を取り上げている．その解決策として，大学と校弁企業の間に持株会社である集団公司や資産経営管理公司を設立することで，大学から企業経営を分離すると同時に大学を守る"防火壁"とした過程を分析した．

角南篤以後に，校弁企業改革の動向をフォローしているのが李建平である．李は，校弁企業の現状や歴史的経緯をマクロ的視点から整理した後，校弁企業の問題点とその対策について論じている[7]．この経営上の問題点として，① 大学資産に対する管理の混乱，② 一部の校弁企業の所有関係の混乱，③ 人事関係における混乱，④ 政企（行政と企業経営）の未分離の問題，を李は取り上げている．

この対策としては，国務院が，「北京大学・清華大学に対する校弁企業の経営を規範化する指導意見（2001年）」を公表して，① 大学と企業の分離，② 大学の国有資産管理会社の経営範囲の限定，③ 校弁企業の配当や株式売却収入のうち大学に還元した部分にのみ税金を優遇する，といった方針を打ち出したことを取り上げている．加えて，李は主要大学の校弁企業改革事例を紹介している．すなわち，北京大学や清華大学は，「第一階：大学の国有資産事務所」，「第二階：持株会社」，「第三階：校弁企業」，といった「三階管理モデル」を採用した一方で，上海交通大学や復旦大学は大学保有の校弁企

株式を外部へ売却するなど，各大学で対応策に違いがあることを李は明らかにした．そして，今後，大学による校弁企業の資本保有のシェアをより低く限定する一方で，研究成果の産業化やハイテク産業の育成を目的とする大学のサイエンス・パークの建設をより重視するようになる，と結んでいる．

(2) 中国における校弁企業研究

それでは中国研究者は校弁企業をどのように見ているのだろうか．ここでは，中国経済週刊や陳永祥の報告について見てみよう．

まず，中国経済週刊の記事によると，校弁企業改革は二種類の方法がある，とされる[8]．第一の方法は，大学の保有する校弁企業株式を国有資産管理委員会に譲渡して，校弁企業を政府に下属させることである．その一例が江中集団のケースである．第二の方法は，大学に下属する資産経営管理公司に校弁企業の株式を移して一括管理させることである．その事例として，角南や李も取り上げた北京大学や清華大学の校弁企業改革があげられる．そして最後に，校弁企業改革を以下のように総括した．

- 大学が企業を経営することは，大学の科学技術の成果を企業へ転化することで有益であるが，目的が相反するため両立は困難である．
- 校弁企業は大学や社会に一定の成果をもたらしたが，財産権の帰属が不明確であり，経営管理も不十分であることから，監督管理に混乱をきたす事例も発生している．
- 大学は国立大学であることから，校弁企業は国有企業であるともいえる．したがって，資産の適正評価，経営権と所有権の明確化，会社の清算や整理統合など，国有企業改革と同一の課題を抱えている．
- 学校と企業を分離するためには，資産経営管理公司と戦略的投資家と資産管理公司の董事会構成員から成る"三級管理体制"を構築しなければならない．
- 大学の校名は巨大な無形資産であり，無償で企業に使用を許可することは国有資産の流出を意味するため，その使用には慎重に対応しなければならない．

- 校弁企業は財産権の多様化,管理の規範化などを目的として上場する.
- いくつかのモデル校弁企業では国有株をすべて流通株に変更して株式売却を容易にした.

次に,陳永祥の報告では,校弁企業の現状,問題点および解決方法を以下のようにまとめている[9].

校弁企業の現状は以下の四点である.

① 校弁企業が増加して,学校が管理するのに困難になってきた.
② 校弁企業の発展が不均衡である.
③ 登録資本金が適正に維持されず,学校の所有権関係も不明確な企業が存在する.
④ 無形資産を中心に校弁企業の資産状況に混乱が生じている.

校弁企業の問題点としては以下の6点をあげている.

① 学校や校弁企業から資金が流出すること.
② 登録資本と比べて実際の資本は不足していること.
③ 校弁企業の経営が悪化すると校弁企業の債務等が学校のリスクとなってしまうこと.
④ 校弁企業が学校の資金を借用するなど,学校資産を占有するケースがあること.
⑤ 現物出資や無形資産の評価などを巡り,学校の出資額と校弁企業の資本額との間に乖離が見られること.
⑥ 学校が校弁企業の財務リスクを抱えて,債務を負担することになりかねないこと.

これらの解決方法として陳は以下の2点をあげている.すなわち,第1に,政府が校弁企業についての政策を明確にして,改革のスキームを提示することである.第2に,角南,李及び中国経済週刊が取り上げたように,大学・校弁企業・資産経営管理公司の三層構造にすることであった.

(3) データから見る大学校弁企業の状況

ここで校弁企業改革が議論されるようになった2000年代初期の校弁企業

表1　2000年全国校弁企業概要

単位：億元

項　目		企業数	企業収入総額	利潤総額	納税額総額
総　計		5,451	484.55	45.64	25.42
企業類型	科技企業	2,097	368.12	35.43	18.79
	その他企業	3,354	116.43	10.21	6.64
経営内容	生産型企業	1,995	286.13	26.62	15.36
	商業貿易企業	849	43.47	2.39	1.58
	その他企業	2,607	154.95	16.63	8.49
出資内容	学校独資企業	4,793	321.82	25.11	16.09
	国内合作企業	556	143.74	18.12	8.25
	外資合弁企業	102	18.99	2.41	1.08
所属関係	学校関係企業	4,217	455.25	43.80	24.11
	研究院関係	1,234	29.30	1.83	1.31

（出所）中国教育在線（http://www.eol.cn/）より転記．

表2　大学別校弁企業業績概要

単位：百万元

	1999年				2000年	2003年
	収　入	純利潤	大学回収	納税額	純利潤	純利潤
北京大学	8,732	243	24	111	727	249
清華大学	3,244	300	122	142	634	327
哈尓濱工業大学	952	87	22	54	197	76
浙江大学	879	46	24	42	100	※1
東北大学	865	128	5	32	210	72
上海交通大学	823	68	19	109	160	152
石油大学（華東）	765	21	24	36	15	※1
同済大学	686	48	33	25	65	※1
天津大学	637	53	13	20	66	※1
南開大学	596	2	6	5	237	※1
復旦大学	569	50	26	43	131	102
西安交通大学	315	33	14	8	172	159
瀋陽農業大学	92	0	1	0	1	88
華北電力大学	※2	※2	※2	※2	4	78
武漢大学	82	6	7	6	5	76

　（注）※1：2003年上位10位内に入らず，金額不明．
　　　　※2：1999年上位100位内に入らず，金額不明．
（出所）中国教育在線（http://www.eol.cn/）より加筆修正．

の統計データを概観してみよう（表1,2）．このデータによれば，校弁企業には問題点も抱えているが，全体的には利益を計上することで大学や社会に貢献していること，主要な校弁企業は有力大学や理工系大学を中心に設立されていることが判るだろう．一方で，2000年から2003年にかけて，業績が右下がり傾向となっており，何らかの経営問題を抱えていることも示唆している．

(3) 先行研究による本論文への示唆

上記先行研究を総括すると以下のことが言えるだろう．すなわち，校弁企業の歴史的経緯や発展状況についてすでにさまざまな視点で整理されている．そして，その後に浮上した校弁企業の問題点についても議論されている．特に，大学と校弁企業の関係については，利益配分（所有と経営の問題）とリスク分担（経営管理上の問題）の観点から大きな問題を抱えるようになったことが明らかとなった．さらに，政策ベースから見た校弁企業改革の動向についても考察されている．校弁企業の国有化や校弁企業株式売却なども試行されたが，主要な改革案は，大学と校弁企業の間に「防火壁」としての資産経営管理公司を設立することだった．

その一方で，先行研究は，校弁企業改革が行われた2000年前半から現在にかけての校弁企業の追跡調査が不足している．すなわち，改革後の校弁企業の経営状況があまり明らかではない．また，総論としての校弁企業の動向や政策ベースの分析に比べて，個々の校弁企業について事例分析した研究が少ない[10]．そこで，本稿では上記の課題を主眼として次節以降で考察することとしよう．

3．校弁上場企業の事例研究

(1) 校弁上場企業を取り上げる意義

　校弁上場企業は，証券取引所に上場した校弁企業である．そのタイプには，Ⅰ校弁企業が株式会社化された後に上場する一般的な方式と，Ⅱ校弁企業が他の上場企業の株式を取得し，筆頭株主として途中から経営に参加する方式，がある[11]．本論文で対象とする校弁上場企業はⅠのタイプであり，2006年現在では24社に上る．

　本節で校弁上場企業を取り上げる理由は以下のとおりである．第一に，年次報告書（以下「年報」）など，信頼に足る充実した情報を入手することができるためである．第2に，校弁上場企業に高い重要性があるためである．一般的に，中国の上場会社は企業集団の一部構成要素にすぎず，上場会社の情報だけでは，企業集団全容を把握することは困難である．校弁上場企業も同様の問題点を抱えているが，校弁上場企業は大学やその他校弁企業にとっての"旗艦企業"であり，重要な存在であることは間違いない．そのため，校弁上場企業の動向によって，大学・校弁企業集団の動向をある程度分析することができる．

　その他,校弁企業の個別の事例研究が不足していることもその理由である．本節では，大学と校弁上場企業の出資関係や人的関係を調査し，校弁企業の業績について評価する．対象となる校弁上場企業は，方正科技集団股份有限公司，方正控股有限公司（以上，北京大学），紫光股份有限公司，清華同方股份有限公司（以上，清華大学），瀋陽東軟軟件股份有限公司（東北大学），上海交大昂立股份有限公司（上海交通大学），上海復旦復華科技股份有限公司（復旦大学）であり，地域的なバランスも考慮した．

(2) 大学と校弁上場企業の出資関係

(1) 北京大学——北大方正

北大方正は，主にコンピュータの製造販売，ソフトウェア開発を事業とする企業集団である．北京大学は，当初，方正，青島，未名，資源の四大集団を子会社としており，北京北大方正集団公司（以下「方正集団」）は出資比率100％の完全子会社だった．そして方正集団は，方正控股有限公司（以下「方正控股」，香港証券取引所上場），上海方正延中科技集団股份有限公司（2003年に「方正科技集団股份有限公司」に改名，以下「方正科技」．上海証券取引所上場）の有力校弁上場企業を子会社として所有していた．したがって，これらの会社は北京大学の孫会社に当たる．2001年以降，方正集団と方正科技との間を持株会社が仲介するようになり，2003年に方正控股の上場子会社として方正数碼有限公司が設立された（図3）．

大きく動いたのは2005年からである．"防火壁"として，北京大学と北大方正集団有限公司との間に北京北大資産経営有限公司が設立されたと同時に，方正集団の株式の30％が外部の資産管理公司に移転することで出資比率が低下するようになった．また，方正以外の青島，未名，資源の集団につ

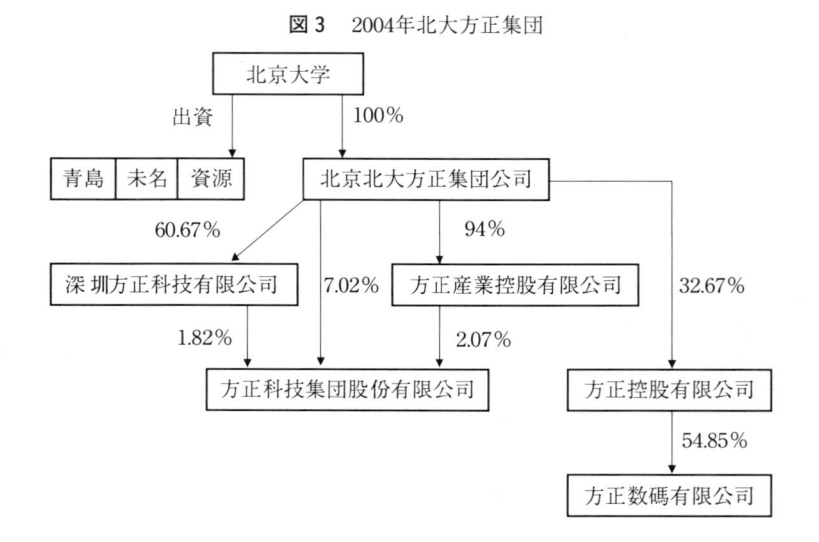

図3 2004年北大方正集団

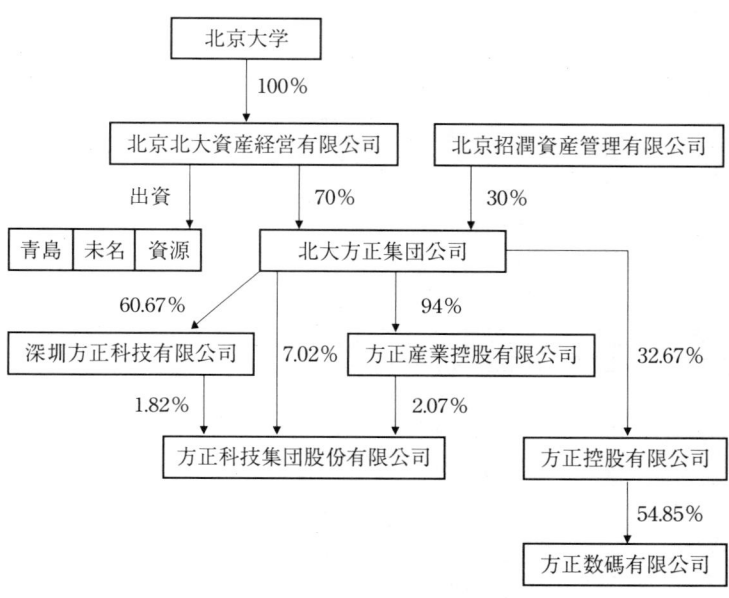

図4　2005-2006年北大方正集団

```
                    北京大学
                       │100%
        ┌──────────────┴──────┐
北京北大資産経営有限公司      北京招潤資産管理有限公司
   出資  │    │70%            │30%
 ┌───────┤    └──────┬────────┘
青島 未名 資源      北大方正集団公司
         60.67%          │94%                    │
    ┌─────┤              │                       │
深圳方正科技有限公司  7.02% 方正産業控股有限公司  32.67%
         │1.82%           │2.07%                 │
         └──方正科技集団股份有限公司         方正控股有限公司
                                                  │54.85%
                                             方正数碼有限公司
```

（出所）方正控股有限公司，方正科技集団股份有限公司年報より加筆．

いても，北京北大資産経営有限公司の下に統合されることとなった（図4）．

(2) 清華大学——清華紫光，清華同方

清華紫光股份有限公司（2006年より紫光股份有限公司，以下「清華紫光」）と清華同方股份有限公司（以下「清華同方」）は清華大学の校弁上場企業である．清華紫光は，情報産業や電子産業を主たる業務とした企業であり環境産業にも参入している．清華同方は，情報通信産業やPC関連製品の製造販売を主力業務とした企業である．これらの校弁上場企業は，2002年までは清華大学の100％子会社[12]である北京清華大学企業集団（以下「清華集団」）の子会社・孫会社だった（図5）．

清華集団は，2003年に清華控股有限公司（以下「清華控股」）に組織換えして，"防火壁"の機能を強化したように思われる（図6）．その後，清華紫光が「紫光股份有限公司」に企業名を変更し，大学の出資比率が低下するなど[13]，校弁上場企業は次第に大学から自立する動きもみせている．

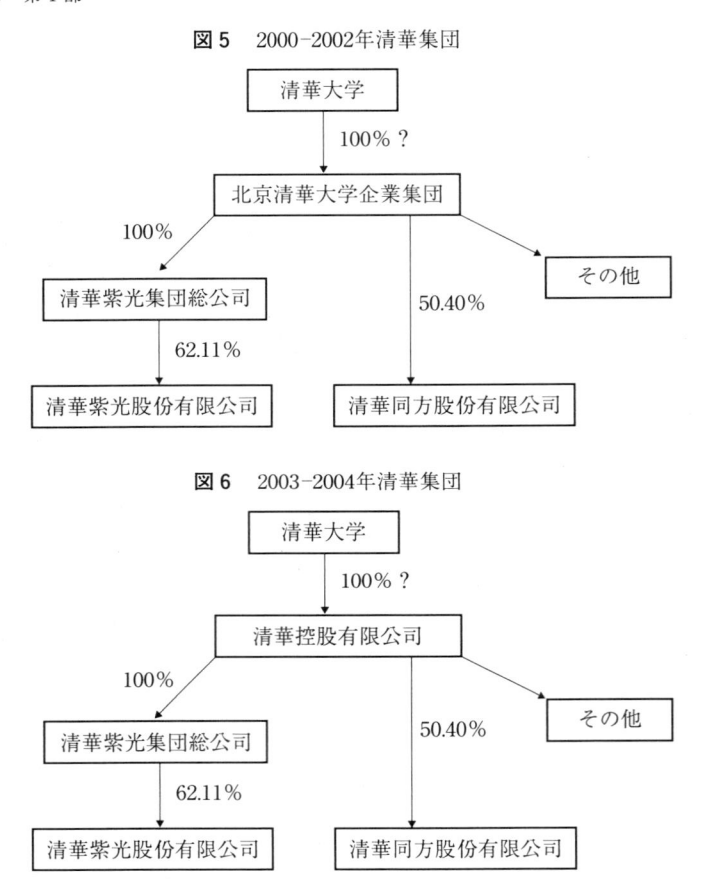

図5 2000-2002年清華集団

```
           清華大学
             │ 100%?
             ▼
       北京清華大学企業集団
      /          │         \
  100%         50.40%        \
    ▼            │          ▼
清華紫光集団総公司  │        その他
    │ 62.11%     │
    ▼            ▼
清華紫光股份有限公司  清華同方股份有限公司
```

図6 2003-2004年清華集団

```
           清華大学
             │ 100%?
             ▼
        清華控股有限公司
      /          │         \
  100%         50.40%        \
    ▼            │          ▼
清華紫光集団総公司  │        その他
    │ 62.11%     │
    ▼            ▼
清華紫光股份有限公司  清華同方股份有限公司
```

(出所)紫光股份有限公司,清華同方股份有限公司年報より加筆.

(3) 東北大学——東軟集団

東軟集団有限公司(当初は「東方軟件有限公司」,以下「東軟集団」)はソフトウェアを主力業務として,日本のアルパイン株式会社との合弁によって発展してきた校弁企業である.当初は,東北大学とアルパインで実質的に過半数の出資比率を維持していた(図7).

その後,2001年に東軟集団の労働組合や宝鋼集団が出資に参加するようになり,相対的に東北大学の出資比率は低下した.アルパイン側についても,

第3章 中国校弁企業の考察 57

図7 2000年東軟集団

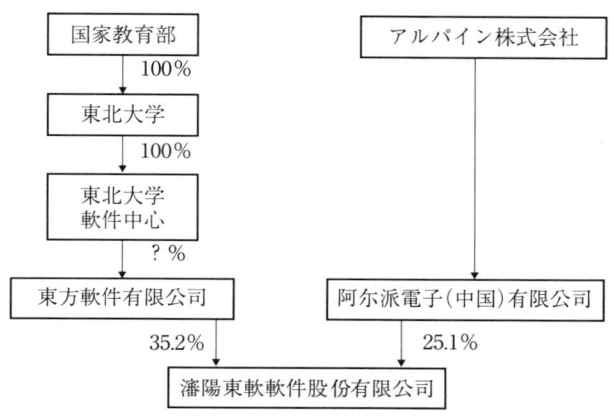

```
国家教育部
    ↓100%
  東北大学
    ↓100%
東北大学
軟件中心
    ↓ ?%
東方軟件有限公司        阿尔派電子(中国)有限公司
       ＼35.2%        ↙25.1%
       瀋陽東軟軟件股份有限公司
```

アルパイン株式会社 → 阿尔派電子(中国)有限公司

図8 2006年東軟集団

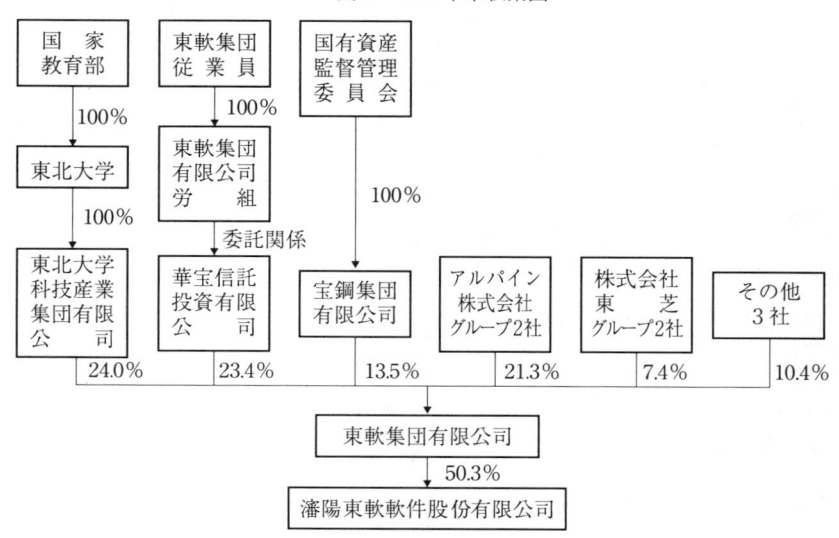

```
国家                東軟集団      国有資産
教育部              従業員        監督管理
                                  委員会
 ↓100%              ↓100%
東北大学             東軟集団
                    有限公司
 ↓100%              労  組
東北大学            ↓委託関係       ↓100%
科技産業
集団有限            華宝信託       宝鋼集団    アルパイン    株式会社    その他
公  司              投資有限       有限公司    株式会社      東  芝      3社
                    公  司                    グループ2社   グループ2社
  24.0%    23.4%    13.5%        21.3%        7.4%        10.4%
                    東軟集団有限公司
                         ↓50.3%
                    瀋陽東軟軟件股份有限公司
```

（出所）瀋陽東軟軟件股份有限公司年報より加筆．

東芝等が出資に加わり，株主が分散化する傾向にあったが，株式をすべて東軟集団に移転させることで，校弁上場企業の瀋陽東軟軟件股份有限公司（以下「東軟股份」）株式の過半数を2006年現在においても保持している（図8）．

2008年現在，子会社である東軟股份による親会社である東軟集団を吸収

図9 2001年，2002年交大昂立

```
            上海交通大学
         ?%  ↓        ↓ 16.50%
  上海交大南洋股份有限公司
              3.00% ↓
           上海交大昂立股份有限公司
```

図10 2003年-2006年交大昂立

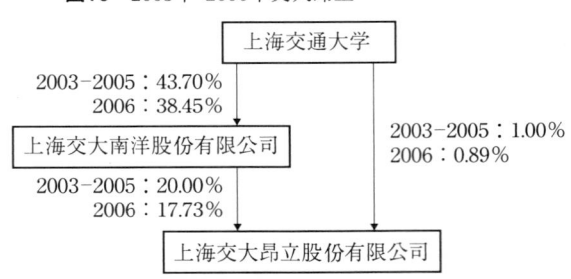

```
                  上海交通大学
   2003-2005：43.70%  ↓      ↓  2003-2005：1.00%
   2006：38.45%                   2006：0.89%
   上海交大南洋股份有限公司
   2003-2005：20.00% ↓
   2006：17.73%
              上海交大昂立股份有限公司
```

（出所）上海交大昂立股份有限公司年報より転記．

合併する計画（合併会社：東軟股份，被合併会社：東軟集団）を表明しており，さらなる組織再編が予定されている．

(4) 上海交通大学——交大昂立

上海交大昂立股份有限公司（以下「交大昂立」）は，漢方やバイオ技術を活用しながら栄養剤など健康食品の製造販売を主たる業務として発展した校弁上場企業である．当初は，上海交通大学が直接出資する割合が高かった（図9）．

それが2003年には，上海交大南洋股份有限公司が大学と交大昂立の間にはいって，上海交通大学が間接的に交大昂立を支配するようになった．その後，交大昂立に対する上海交大南洋股份有限公司の出資比率も低下するようになった（図10）．

(5) 復旦大学——復華集団

上海復旦復華科技股份有限公司（以下「復華集団」）は，コンピュータ関

第3章　中国校弁企業の考察　59

図11　2000-2002年復華集団

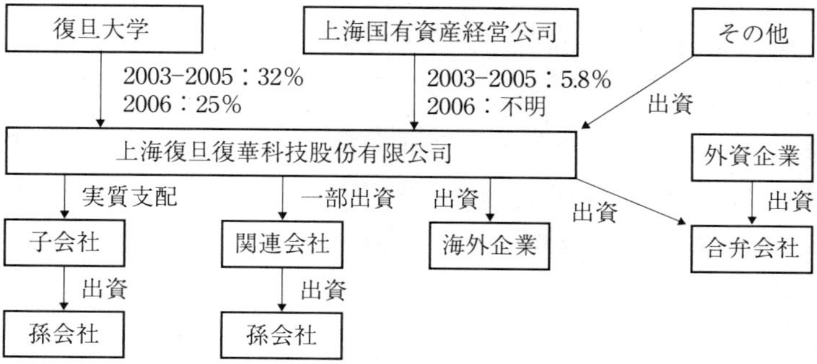

```
┌──────────┐      ┌──────────────────┐         ┌────────┐
│  復旦大学  │      │上海国有資産経営公司│         │ その他 │
└──────────┘      └──────────────────┘         └────────┘
   2003-2005：32%      2003-2005：5.8%              ↓ 出資
   2006：25%           2006：不明
        ↓                    ↓                    ↓
   ┌──────────────────────────────────────┐    ┌────────┐
   │    上海復旦復華科技股份有限公司      │    │外資企業│
   └──────────────────────────────────────┘    └────────┘
     │実質支配  │一部出資   │出資    │出資        │ 出資
     ↓          ↓          ↓        ↓            ↓
   ┌──────┐  ┌──────┐  ┌────────┐          ┌────────┐
   │子会社│  │関連会社│  │海外企業│          │ 合弁会社│
   └──────┘  └──────┘  └────────┘          └────────┘
     │出資      │出資
     ↓          ↓
   ┌──────┐  ┌──────┐
   │孫会社│  │孫会社│
   └──────┘  └──────┘
```

（出所）上海復旦復華科技股份有限公司年報より加筆．

連機器，通信設備，生物技術等の研究製造販売を主要業務とする校弁上場企業である．株式会社化した1993年には復華集団に対する復旦大学の出資比率は60％あったが，その後次第に低下して2006年現在25％となっている．復華集団では，持株会社や資産経営管理公司などを新たに設立するような動きは見られなかった（図11）．

(6)　大学と校弁上場企業の出資関係まとめ

校弁上場企業の出資関係を時系列的に追跡すると，以下のようにまとめることができる．

まず，共通しているのは，校弁上場企業に対する大学の出資比率が，北京・上海に限らず全体的に低下傾向にあることである．この動きは，先行研究の指摘に沿っており，現在まで継続していることが確認された．この理由として，主に，大学と校弁企業を分離しようとする政策があげられるが，公開募集方式で新株発行するようになったことや大学の持株を国家株・国有法人株から流通株へ変更して売却していること[14]等も背景にある．

その一方で，李建平の指摘のように，持株会社や資産経営管理公司の設立など大学と校弁企業の分離の方策は，各大学によって様々で均質的ではないことがわかる．全体的に大々的な改編を行っているのは北京大学や清華大学など首都圏の大学であり，上海交通大学や復旦大学など上海圏の大学は，既

存の会社を持株会社化して校弁企業改革に対処した．また，校弁上場企業に限って見れば，改革の手段として国有企業化されることはなかった．

最後に，北京大学や清華大学が構築した"防火壁"に対する疑問点を取り上げよう．北京大学であるが，四大集団を整理したとはいえ，大学と校弁上場企業との間に資産経営管理公司や持株会社が多数仲介して複雑な企業集団を形成している．特に，持株会社として北大方正集団有限公司が存在しているのにもかかわらず，北京北大資産経営有限公司を設立することは，企業再編の観点からは"屋上屋"を作っているともいえる．清華大学は，北京清華大学企業集団から清華控股有限公司に名称を変更したが，企業集団としての構成に変化は見られない．そのため，清華控股有限公司の内部組織に実質的な変化がなければ"看板の書き換え"にすぎないだろう．東北大学にいたっては，東軟集団有限公司を瀋陽東軟軟件股份有限公司が吸収合併する動きがあり，防火壁としての持株会社が消滅しようとしているのである．有力株主が多数バランス良く配置されているため，防火壁を敢えて作る必要がなくなったのかもしれない．このように，大学と校弁企業の出資関係を時系列に追跡しただけでは，"防火壁"に対する意義は見出しにくいように思われる．

(3) 大学と校弁上場企業の人的関係

(1) 北京大学――北大方正（方正控股，方正科技）

方正控股有限公司には経営者として多数の大学関係者が参加している．総数の過半数以上が北京大学関係者であり，董事会はその割合が特に高い（表3）．また，経営者トップの総裁は北京大学教授である．方正科技集団股份

表3　方正控股2006年経営者内訳

董事会		独立董事・監事会		その他経営指導者	
総数	うち北京大学関係者	総数	うち北京大学関係者	総数	うち北京大学関係者
5名	教授2，研究員2，卒業生1	3名	該当者なし	1名	該当者なし

表4　方正科技2006年経営者内訳

董事会		独立董事・監事会		その他経営指導者	
総数	うち北京大学関係者	総数	うち北京大学関係者	総数	うち北京大学関係者
6名	教授2，研究員2	6名	研究員1	6名	該当者なし

(出所)　方正控股有限公司，方正科技集団股份有限公司2006年年報より作成．

　有限公司においても，董事会構成員に教授や研究員が在籍しており，経営に深く関与していることが窺われる（表4）．なお，方正控股の構成人数・構成割合は2000年，方正科技の構成人数・構成割合は2004年から，大きな変動はない．

(2)　清華大学——清華紫光，清華同方

　紫光股份有限公司の大学関係者の参加比率は相対的に低い（表5）．その一方で，清華同方股份有限公司には，多数の清華大学参加者が経営に参加している（表6）．なお，清華紫光の構成人数・構成割合は2004年から大きく変動していない．

表5　清華紫光2006年経営者内訳

董事会		独立董事・監事会		その他経営指導者	
総数	うち清華大学関係者	総数	うち清華大学関係者	総数	うち清華大学関係者
4名	科技園主任1，研究員1	6名	大学教授1	5名	該当者なし

表6　清華同方2001年，2006年経営者内訳

	董事会		独立董事・監事会		その他経営指導者	
	総数	うち清華大学関係者	総数	うち清華大学関係者	総数	うち清華大学関係者
2001	5名	大学教授1，校長助手1，研究員1，副研究員1，科技処副処長1	5名	大学教授1，財務処副処長1	4名	副教授1　副研究員1（大学名記載なし＊）
2006	4名	校長助手1，研究員3	6名	大学教授1，副研究員1	6名	副教授3，講師1，研究員1，卒業生1

(注)　＊以下「その他経営指導者」における「清華大学関係者」は大学名の記載がない．
(出所)　紫光股份有限公司2006年年報，清華同方股份有限公司2001年，2006年年報より作成．

表7　瀋陽東軟軟件股份有限公司2004-2006年経営者内訳

董事会		独立董事・監事会		その他経営指導者	
総数	うち東北大学関係者	総数	うち東北大学関係者	総数	うち東北大学関係者
6名	大学副校長1, 大学教授1	6名	大学副校長1	5名	大学教授2

(出所) 瀋陽東軟軟件股份有限公司2004-2006年年報より作成.

(3) 東北大学──東軟集団

瀋陽東軟軟件股份有限公司への東北大学関係者の参加比率は過半数に達していない．ただし董事会，独立董事・監事会，その他経営指導者に一定割合がそれぞれ参加している．しかも董事長と監事長に大学副校長がそれぞれ就任しており，その他にも教授など大学での地位の高い者の参加率が高いことが特徴的である（表7）．

(4) 上海交通大学──交大昂立

2003年までは董事長に交通大学副校長が就任していたが，現在は退任している．現在は，董事会や独立董事・監事会などにそれぞれ0～1名しか大学関係者は就任していない．それゆえ，北京大学，清華大学，東北大学に比べて，交大昂立股份有限公司に対する上海交通大学関係者の経営参加比率は低いと言える（表8）．董事会や監事会のメンバーは，大学関係者の他に，グループ企業の代表や上海市政府関係者など多岐にわたる．

表8　交大昂立2004-2006年経営者内訳

	董事会		独立董事・監事会		その他経営指導者	
	総数	うち交通大学関係者	総数	うち交通大学関係者	総数	うち交通大学関係者
2004	8名	校務委員会名誉主任1	11名	該当者なし	5名	管理学院教授1
2005	同上	同上	10名	同上	同上	大学教授1
2006	同上	同上	同上	同上	同上	同上

(出所) 上海交大昂立股份有限公司2004-2006年年報より作成.

表9　復華集団2006年経営者内訳

董事会		独立董事・監事会		その他経営指導者	
総数	うち復旦大学関係者	総数	うち復旦大学関係者	総数	うち復旦大学関係者
5名	大学校長1, 大学党委書記1, 大学副校長1	10名	大学紀委書記1, 大学紀委副書記1, 財務処処長1	3名	該当者なし

(出所) 上海復旦復華科技股份有限公司2006年年報より作成.

(5) 復旦大学——復華集団

　上海復旦復華科技股份有限公司の董事会や監事会の半数以上を復旦大学関係者が占めており，復旦大学関係者の経営参加比率は高いように思われる．また，大学関係者の地位も，校長や党委員会書記など高位者が多い．復旦大学にとって，復華集団を如何に重視しているかが窺われる．なお，復華集団への大学関係者の参加内容・参加比率については，2001年以降大きな変動はない．

(6) 大学と校弁上場企業の人的関係まとめ

　大学と校弁上場企業の人的関係の特徴は以下のようになるだろう．

　まず共通点として，すべての校弁上場企業に経営者として大学関係者が就任していることがあげられる．交大昂立と上海交通大学の関係を除き，経営者総数に占める大学関係者の参加比率は比較的高いように思われる．

　一方で，各大学で校弁上場企業への関与度合に相違点がある．具体的には，北大方正，清華紫光，清華同方，復華集団に対する大学の関与度合は高く，東軟集団，交大昂立に対する大学の関与度合は相対的に低いように思われる．

　校弁上場企業に経営参加している大学教授には，給与体系を統一し，大学と企業のどちらかからしか給料を貰わないようにするケースも見受けられるが，大学関係者による経営参加は，大学と校弁企業の分離の観点から何も進展が無く，今後も校弁企業管理の問題点や校弁上場企業のリスクが大学に波及することが避けられない状態のままになっている，と思われる．

(4) 校弁上場企業の業績推移 1997-2006 年

(1) 北京大学——北大方正(方正控股,方正科技)

　方正控股の過去10年の業績は低迷していた.売上高も一進一退を繰り返し,最終利益も赤字であった決算期も多かった.しかも営業キャッシュ・フロー自体がマイナスの期もあり,会社が存続する上で危機的状況にあると見ることもできる.したがって,純資産も下方にシフトしており,2006年純資産は1997年の半分以下まで落ち込んでいる(表10).

表10　方正控股 1997-2006 年主要業績

単位:百万香港ドル

	1997	1998	1999	2000	2001	2002	2003	2004	2005	2006
売上高	1,973	2,164	1,583	2,088	1,670	1,442	1,554	2,014	2,594	2,115
最終利益	143	△165	△218	183	△390	△281	△7	△25	61	36
総資産	1,363	1,163	1,159	1,484	1,096	812	961	1,086	1,323	792
純資産	811	672	558	768	408	324	342	316	368	403
営業 CF	—	—	—	—	△51	88	24	△20	92	△73
投資 CF	—	—	—	—	△26	11	69	△11	33	△183
財務 CF	—	—	—	—	30	△147	△31	10	24	△2

CF:キャッシュ・フロー

表11　方正科技 1998-2006 年主要業績

単位:百万元

	1997	1998	1999	2000	2001	2002	2003	2004	2005	2006
売上高	—	252*	1,990*	3,185*	3,692	4,512	5,252	6,217	7,385	7,868
最終利益	—	1*	29*	93*	100	129	139	159	172	184
総資産	—	698*	944*	1,424*	2,390	2,021	3,059	3,414	3,535	4,236
純資産	—	85*	390*	484*	587	716	1,456	1,615	1,769	1,933
営業 CF	—	—	—	6	564	234	125	218	448	370
投資 CF	—	—	—	△3	△246	△15	△165	△268	△145	△534
財務 CF	—	—	—	208	156	△387	812	△10	△341	118

(注)　*:決算発表後から2-3年後に訂正されて開示される最終会計数値.
(出所)　年報より転記.

方正科技については，売上や資産ともに増加傾向にあるものの，最終利益や営業キャッシュ・フローは増加していない．その一方で，随時第三者から増資または融資をうけられる企業環境にあるメリットを活用している．そのために内部留保に力を注いでいないともいうことができる．投資キャッシュ・フローがマイナスであることから，投資は着実に実行されており，前向きに評価できるだろう．ただし，こうした投資をしないと100-200百万元の最終利益を維持できないともいえる（表11）．

(2) 清華大学――清華紫光，清華同方

清華紫光の業績を見ると，まず売上高の拡大が注目される．10年で10倍以上になった．しかし，企業規模は拡大する一方で，最終利益にほとんど変化がなく，利益効率は悪化していると言えるだろう．キャッシュ・フロー・ベースから見ても業績は不安定である．営業キャッシュ・フローもマイナスである時期もあり，投資キャッシュ・フローも増減を繰り返しており，投資政策も一貫性が感じられないといえる（表12）．

清華同方についても，売上や資産とも大幅な増加傾向にある．しかし清華紫光と同じく，最終利益の増加は伴っていない．したがって利益効率は悪化したといえる．会社の資金調達を外部に依存する傾向が強く，内部留保は少

表12　清華紫光1997-2006年主要業績

単位：百万元

	1997	1998	1999	2000	2001	2002	2003	2004	2005	2006
売 上 高	290	409	451	920*	1,465	1,899	2,300	3,090	3,394	3,501
最終利益	30	43	52*	75*	△22*	10	21	25	△32*	10
総 資 産	172	243	797	1,081*	1,022	1,509	1,643	1,734	1,630*	1,758
純 資 産	61	74	600*	614*	603*	625	650	655	613*	620
営 業 CF	―	―	15	△38	201	△276	117	△29	40	224
投 資 CF	―	―	△74	△175	△140	9	△63	△16	5	△236
財 務 CF	―	―	490	74	△85	245	11	△15	△154	30

表13　清華同方1997-2006年主要業績

単位：百万元

	1997	1998	1999	2000	2001	2002	2003	2004	2005	2006
売上高	385	806	1,668	3,315*	5,012	5,439	6,693	8,148	9,775	12,117
最終利益	69	92*	146*	216*	290	183	113	115	105	160
総資産	786	1,363*	2,505*	5,227*	6,065	6,276	7,529	9,064	10,842	12,659
純資産	513	623*	1,261*	2,500*	2,663	2,877*	2,893	2,976	3,045	3,168
営業CF	—	—	49	183	198	122	180	102	654	276
投資CF	—	—	△268	△561	△770	△892	△384	△852	△555	△314
財務CF	—	—	536	1,613	163	286	603	597	237	385

（注）＊：決算発表後から2-3年後に訂正されて開示される最終会計数値．
（出所）年報より転記．

ない．自己資本比率もやや悪化している．キャッシュ・フローから見ると，売上高の増加に比べて営業キャッシュ・フローは増加していないが，着実にキャッシュ・イン・フローをもたらし，投資政策も安定的であると思われる（表13）．

(3)　東北大学——東軟集団

東軟集団は，売上高，営業キャッシュ・フローも2002年を除き着実に増加している．成長率は相対的に高くはないが，安定していると言える．同様に，自己資本比率も常に50％を超えており，高い水準で安定している．最終利益の増加幅は小さいが赤字に転落することもなかった[15]．キャッシュ・フローも財務キャッシュ・フローがマイナスである場合が多く，急激な拡大政策をとらず，借入金等の返済にまわしている．この点からも自己資本比率が高位安定していることが判るだろう（表14）．

(4)　上海交通大学——交大昂立

交大昂立は，経営上2005年に大きな問題を抱えたようであるが，売上高・最終利益ともに過去8年間ほとんど変動がなかった．2005年において，主力製品の販売減により大幅に売上高が減少し，営業キャッシュ・フローのマイナスをもたらしたが，それでも最終的には利益を確保しており，保守的

第 3 章　中国校弁企業の考察　67

表14　瀋陽東軟軟件股份有限公司 1998-2006 年主要業績

単位：百万元

	1997	1998	1999	2000	2001	2002	2003	2004	2005	2006
売 上 高	—	524	734	1,089*	1,758	1,907	2,016	2,245	2,441	2,697
最終利益	—	93	117*	128*	135	79	62	271	58	79
総 資 産	—	803	1,557*	1,953*	2,457	2,590	2,792	2,781	2,700	2,516
純 資 産	—	568	1,133*	1,120*	1,192	1,273	1,321	1,444	1,331	1,408
営 業 CF	—	—	—	65	74	△22	89	159	210	304
投 資 CF	—	—	—	△139	△79	△81	△70	217	△38	△155
財 務 CF	—	—	—	△55	263	64	42	△479	△341	△194

（注）＊：決算発表後から 2-3 年後に訂正されて開示される最終会計数値．
（出所）年報より転記．

表15　交大昂立 1999-2006 年主要業績

単位：百万元

	1997	1998	1999	2000	2001	2002	2003	2004	2005	2006
売 上 高	—	—	517	479	453	476	638	741	350	504
最終利益	—	—	59	50	54	51	57	31	31	40
総 資 産	—	—	448	448	1,174	1,339	1,604	1,506	1,882	1,728
純 資 産	—	—	197	180	929*	940*	956	945	952	963
営 業 CF	—	—	—	—	△13	50	18	20	△118	148
投 資 CF	—	—	—	—	△223	△38	87	△113	△373	113
財 務 CF	—	—	—	—	662	△108	△47	△41	324	△247

（注）＊：決算発表後から 2-3 年後に訂正されて開示される最終会計数値．
（出所）年報より転記．

経営が垣間見える．2006 年からは再び売上高・利益の増加を計上し，立て直しを始めた．

　資産ベースについても，2000 年から 2001 年にかけて増資があったことを除き，増減は見られない．全体的に安定的であるが，最近資産回転率は落ち込んでおり，効果的な資産活用の点で問題があるように思われる（表15）．

表16 復華集団1998-2006年主要業績

単位：百万元

	1997	1998	1999	2000	2001	2002	2003	2004	2005	2006
売 上 高	―	216	223	225*	302	260	275	325	355	388
最終利益	―	15	18	26*	3	6	10	16	19	16
総 資 産	―	789	849	933*	1,068	1,002	1,062	1,042	1,060	1,018
純 資 産	―	498	494	433*	432	426	442	458	480	480
営 業 CF	―	―	―	△12	△10	36	△9	26	47	30
投 資 CF	―	―	―	19	△88	△22	△54	22	△16	25
財 務 CF	―	―	―	35	66	△33	12	12	△34	△45

（注）＊：決算発表後から2-3年後に訂正されて開示される最終会計数値．
（出所）年報より転記．

(5) 復旦大学――復華集団

　復華集団は，過去9年間において売上高や利益ともに変動幅小さく，交大昂立と比べてもさらに保守的経営を貫いているように思われる．自己資本比率も高い水準で安定的である．キャッシュ・フローの増減を見ると，投資や資金調達について，数年に一回ごとに積極的に打って出ているが（2001年，2005年），その他の時期は借入金等返済に資金をまわしており，経営規模の拡大にあまり積極的ではない（表16）．

(6) 校弁上場企業の業績推移まとめ

　事例対象とした校弁上場企業には次の特徴が指摘できるだろう．

　まず，香港の方正控股を除き（したがって中国本土で活動し，上海・深圳証券取引所に上場している企業が対象となる），売上高は拡大傾向にある．また，最終利益について大幅な赤字を計上することはなく，総じて黒字である．

　ただし，売上高や資産の動向を見ると，積極的に拡大路線を目指している企業と安定的な保守的経営を維持している企業に分けることができる．前者には，方正科技，清華紫光，清華同方が該当し，後者には，復華集団や交大昂立が該当する．中間には東軟集団が位置し，方正控股は再建の途上にあると言えるだろう．

問題点としては，最終利益が増加していないため，売上拡大に伴って売上利益率が低下し，経営効率が悪化していることである．したがって，配当原資となりうる内部留保が少ない．それは大学が校弁企業から受け取る配当額が少ないことを意味する．この点については，企業の成長が外部資金に依存しやすい環境にあるため，言い換えれば中国では外部より容易に資金調達できるために，校弁上場企業が政策的に最終利益を少なめに調整している可能性がある．しかしながら，外部からの増資や借入は，同時に，校弁上場企業の利害関係者を増加させることになり，校弁企業の社会的責任は次第に重くなる．そしてそれは，大学の社会的責任の増大にも結びつくことになる，といえよう．

4．校弁企業の将来性と提言――まとめにかえて

　校弁企業は，大学の資金調達手段や研究成果の企業化という点において一定の成果をおさめた．北大方正や清華紫光など著名企業が誕生したこともその評価を確実なものとしたといえるだろう．その一方で，経営管理問題や資金流出など校弁企業の業績悪化を端とした問題点や，所有者である大学と校弁企業経営者との対立など校弁企業の成長に伴って顕在化した問題点が浮上した．大学にとって，前者の問題点は，財務リスクなど企業がもたらすさまざまなリスクを如何に排除するか，後者の問題点は，校弁企業に対して大学がどのように経営に関与し大学と企業でどのように利益を分配するか，という課題に結びつく．

　この二つの問題点を解決するために実施されたことは，第一に，"防火壁"を作ることだった．すなわち，持株会社や資産経営管理公司を設立して大学と校弁企業の間を仲介させることである．校弁企業の実質的な管理運営を持株会社・資産経営管理公司に任せて，大学が校弁企業を直接経営しないようにしたのだった．その他に，校弁企業に対する支配比率を下げることで，大

学を企業経営から分離する方法も採られた．

　しかし，校弁企業のその後の追跡調査によれば，根本的な問題は解消されていないと言える．というのも，出資関係からは持株会社・資産経営管理公司の意義や効果を見出すことはできないからである．また，校弁上場企業に対する大学の出資比率が次第に低下している（したがって，大学以外の利害関係者が多数増加していることになる）にもかかわらず，依然として経営の素人である大学関係者が経営の中軸に就いており，経営責任や企業リスクが大学に及ぶ可能性は消えていない．事例分析した校弁上場企業についても，経営効率の悪い企業が多く，利害関係者から経営責任を問われる事態は今後も起こり得ることなのである．

　そこで，研究と教育と産業化の両立を追求する上での大学の採り得るべき方向性について，一つの提言を示して本稿を締めたい．

　まず，大学が校弁企業から資金を還流する手段として，株式配当を中心に多元化することである．資金還流手段の位置づけは図12のとおりである．図12の「経営責任」とは，企業の経営失敗等に対して大学が利害関係者から責任を追及されることであり，経営リスクを代表するものである．「業績連動性」とは，利益の増減によって受け取る金額が変動することであり，言い換えれば，企業成長に応じて多額の資金を受け取ることができる可能性を示している．株主という立場は，有限責任であることから経営責任を負うリスクが小さく，業績によっては多額の配当や売却益を大学が受け取ることができる．

　その一方で，経営者として経営者報酬を受け取っているならば，その個人は経営責任から免れることはできない．さらに，その個人が大学教授等を兼任している場合には，大学もその責任追及を受けることになりかねない．大学関係者は，外部の第三者が校弁企業経営に参加して大学科技園や孵化器から独立するまでに企業の主たる役職から離れる必要があるものと考える．

　そして，政府は，大学に対して，校弁企業の成長過程に応じた関与度合，資金還流方法など，モデルケースを交えてルールを明らかにすべきだろう．

図12　大学資金還流手段

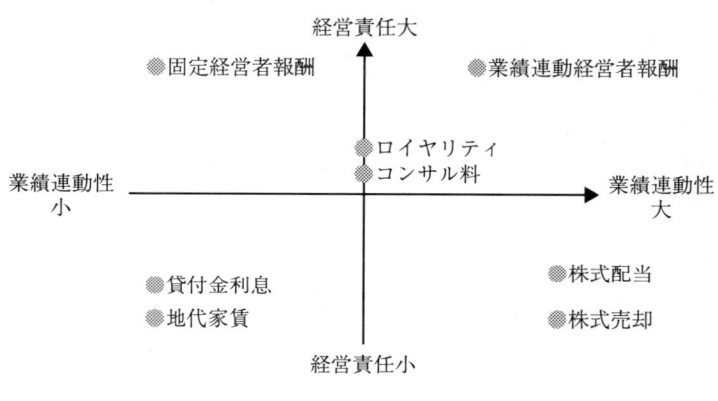

```
                        経営責任大
                            ↑
    ●固定経営者報酬          │          ●業績連動経営者報酬
                            │
                            ●ロイヤリティ
業績連動性                   ●コンサル料                    業績連動性
   小      ─────────────────┼─────────────────      大
                            │
    ●貸付金利息             │          ●株式配当
    ●地代家賃               │          ●株式売却
                            │
                        経営責任小
```

（出所）筆者作成．

　校弁企業に対する大学の責任の所在と利益の帰属を明確にしておかないと社会的な混乱を招くことも予想される．校弁企業と大学の関係は，国有企業における政府（すなわち国有企業の所有者である）と経営者の関係に加えて，大学という主体がかかわるので，より複雑な状態を引き起こす可能性を有しているからである．

1) Xue Lan "University-Market Linkages in China : the Case of University-Affliated Enterprises", MIMEO 2002 年．
2) 「《企業所得税暫行条例》解析之六——税収優恵」2004 年 11 月 6 日．
http://www.chinaacc.com/new/253/402/2006/2/ma11735952141626002135700.htm
1994 年 7 月 4 日「国家税務総局関于学校弁企業征収流転税問題的通知」など参照．
3) 1997 年 6,634 社，2000 年 5,451 社，2001 年 5,039 社，2002 年 5,047 社，2005 年 4,563 社に上る．
4) 大学の研究成果と社会の資源を結合して，ハイテク企業を孵化させて，新たな人材を育成し，「産学研（中国では産学官の連携を「産学研」合作と呼ぶ）」の円滑な結合に資するための機関．
5) 菅沼成正「校弁企業分析－校弁上場企業群における技術の特性－」研究・技術計画学会：第 21 回年次学術大会 2006 年 10 月 22 日．
6) 日本貿易振興会北京センター知的財産権室（2002 年 3 月）「中国における産学

官連携の現状と知的財産権の側面に関する調査報告書」.
7) 李建平 (2006)「中国における産学連携と校弁企業」丹沢安治編『中国における企業組織のダイナミクス』中央大学出版部.
8) 中国経済週刊 2005 年 5 月 30 日「校企"資"変清華北大"防火塀"模式成祥板?」http://yjbg.stock.cnfol.com/050530/139,1333,1285780,03.shtml
9) 陳永祥 2007 年 2 月 22 日「規範校弁企業，建立防火壁機制」.
http://www.lunwennet.com/thesis/2007/17561.html
10) 菅沼が指摘したように，個々の校弁企業を対象として分析した研究は少ないが，北大方正集団について考察した丸川知雄の研究例などがある（丸川知雄「連想集団と北大方正集団成長要因と企業制度」http://www.iss.u-tokyo.ac.jp/~marukawa/lenovoandfounder.pdf など参照).

　丸川は，北大方正集団の企業利益の配分をめぐって所有者である大学と経営者が対立した事例を連想集団と比較している．北大方正集団は，「国有民営」の状態のまま曖昧にしてきたことにより，大学と内紛を繰り返し，創業者のほとんどが退社して，現在では北京大学の副校長や教授が董事長を歴任するようになった．こうした経緯によって，インサイダーが経営権を握る連想集団に北大方正集団の業績は及ばない一因となっている，と丸川は評価している．そして，急成長企業（ないし急衰退）企業における所有者と経営者の利益・責任の分担は一方的なものであってはいけない，と最後にまとめている．
11) 菅沼 (2006) の集計と分類方法に従った.
12) 北京清華大学企業集団は，清華大学が設立した国有独資有限責任公司であるとの説明がある.
13) たとえば，清華同方に対する清華控股の出資比率は，2004 年には 50.40％だったが 2006 年には 33.06 に低下した．また清華紫光に対する紫光集団と清華控股の出資比率合計は，2004 年の 62.11％から 2006 年の 48.12％へと低下している.
14) 公開募集方式での新株発行は上場会社の一般的な資金調達方法であり，国家株・国有法人株から流通株へ変更した事例として清華紫光などがあげられる.
15) この点については，経費支出や設備投資等を調整した政策的配慮があるかもしれない.

参考文献

宍戸善一 (2006)『動機付けの仕組としての企業　インセンティブ・システムの法制度論』有斐閣.

日本貿易振興会北京センター (2002)「中国における産学官連携の現状と知的財産権の側面に関する調査報告書」.

李建平 (2006)「中国における産学連携と校弁企業」丹沢安治編『中国における企業組織のダイナミクス』中央大学出版部.

国家統計局科学技術部編『中国科技統計年鑑2007』中国統計出版社.
教育部財務司，国家統計局社会和科技統計司『中国教育経費統計年鑑2006』中国統計出版社.
中国企業評価協会　徳物華経済信息研究院有限公司『中国大型企業（集団）発展報告2004～2005』上海財経大学出版社.
張暁強主編『中国高新技術産業発展年鑑2007』北京理工大学出版社.
方正控股，方正科技，清華紫光，清華同方，東軟股份，交大昂立，復華集団，各社年報.

第4章

温州の内発的発展とネットワーク──試論

丹 沢 安 治
北 島 啓 嗣
砂 川 和 範

1. はじめに

　中国における経済成長，そしてそれを支える企業組織の発生と成長は，1979年の改革開放以来，一貫して続いている．もちろん，格差問題，環境汚染，不動産バブルの崩壊など今日の中国における諸問題は中国社会全体に予断を許さぬ緊張感を引き起こしているが，米国発の金融不安に遭遇しながらも経済の成長もまた停止する気配はない．

　このような状況において力強い成長のメカニズムを説明しようとする試みは，数多く提出されてきた．その説明の基本的なスタンスは，中国は，インドと異なり外資を導入して，世界に対する生産基地となり，さらには自国市場の成熟をまって一層の経済発展を実現するという構図を描くというものであった．しかしそれは中国における経済成長のすべてではない．

　すでにいくつかの先行研究において，指摘されていることではあるが，今後の中国の経済発展を考えるうえでは，特に温州においては外資に頼らない内発的発展がみられていることに注目する必要がある．今後の中国の経済発展が外資による成長の牽引，いわゆる蘇南モデルから自国市場の成熟を伴うものに移行するとするならば，このいわゆる温州モデルの実態とメカニズム

を明らかにしておくことは大きな価値を持つものと思われる．筆者のグループは，2006年に中央大学の政策文化総合研究所の研究プロジェクトにおいて温州におけるいくつかの中国系企業，義烏における小売市場を訪問調査する機会を持った(図1)．

そこで，本章では，温州モデルの特徴を述べ，その成長のメカニズムについて理論的なコンセプトを提出し，このメカニズムをわれわれが訪問して調査した2つの事例を用いて例証してみよう．

2．温州モデル

(1) 中国における内発的発展モデル

温州市は，中国浙江省の南東部に位置し，東側を海に，西側を山と丘陵に囲まれ，土地は狭い．上海からは南に約400km，飛行機で1時間，車では4時間余りの旅程である(図2)．温州は揚子江デルタと珠江デルタという二大経済区の間に位置する．海岸より甌江(おうこう)を20km余りさかのぼった南岸にある港湾都市である．古くから農産物等の集積地であり，海路で上海・広州などに出荷されていた．日本のいわゆる「温州みかん」の原産地であるとされる．軽機械工業，印刷などの産業の基地でもある．古くはミカン，生糸，塑像，木彫，諸手工芸品などが特産品として有名であったが，地理的・地形的条件から近代都市としての発達は遅れた．人口は800万人弱であり，現在では，域内での経済成長は中国沿海部でも特筆される．

また，歴史的に倭寇に対する防御のために海岸線には都市が発達してこなかったという経緯もあるが，さらに近年においては，台湾に近いことからも，その侵攻を恐れて，特にインフラ整備が積極的に行われないという事情もあった[1]．しかし，現在の産業としては，衣料，文具，革製品，眼鏡，ライター，低電圧電器が特に有名であり，日本のみならず中東など全世界からバイヤーを集めている．特に衣料・繊維や眼鏡では直接的に岐阜，福井その他の

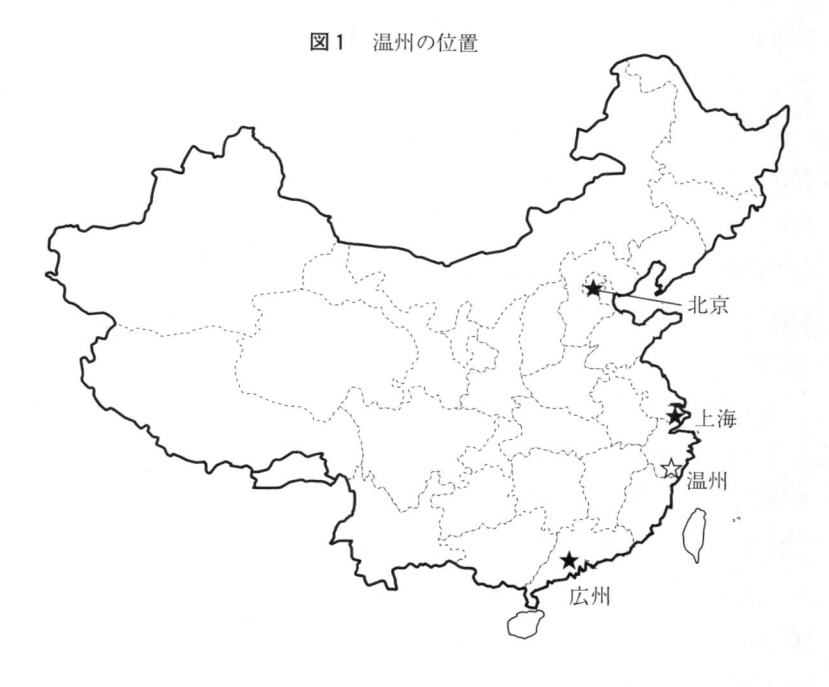

第4章　温州の内発的発展とネットワーク——試論　77

図1　温州の位置

図2　浙江省

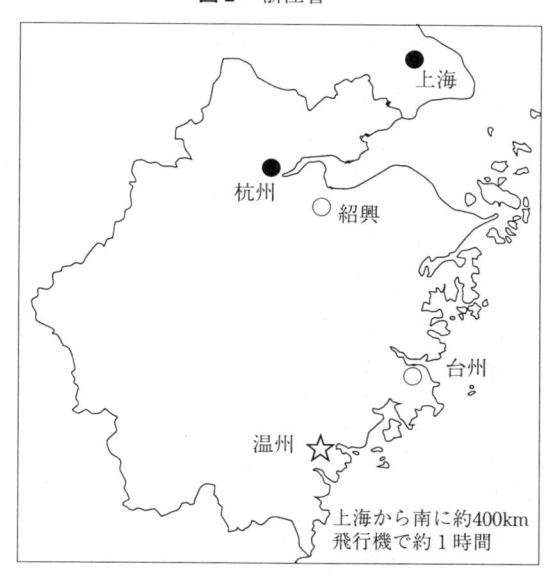

上海から南に約400km
飛行機で約1時間

地方都市と競合し，日本の産業空洞化といわれる問題状況におけるライバルである．

これらの産業は，民営企業を主体としたもので，各業種とも市内各地に数百社以上の集積を有している．すなわち，国営企業の一部門が外資と合弁事業を起こして発展するという他の地域において典型的な成長の経路を経たものではなく，自生的に発展したといわれている．これらの産業が，政府主導のものではなく，民間をベースに発展したいわゆる「内発的発展」であり，これは「温州モデル」として注目されている．

このような「温州モデル」の発展は，政府の役割が大きかった「蘇南モデル」と対比される．「蘇南モデル」とは，人民公社体制下の「社隊企業」[2]を基礎に，卿鎮企業が農村経済の地方政府の寄与のもとで発展を牽引したものである．蘇州，無錫，常州などの江蘇省南部の農村経済の発展方式に顕著にみられた．李建平（2006）「温州の内発的経済発展」によればこれらはいわば，「準国有」の企業であり，当時の問題状況にあっては，国有企業に比べて，競争上の優位を持っていたとされる（呉敬連（2004））．それに対して温州では，1980年代に農民によって自発的に創業された民営企業が農村経済を近代的資本主義に変革したものである（李建平（2006），呉敬連（2004）p.181）．おびただしい数の家族企業が，農村の余剰労働力が流れ込むことによって生まれ，「前店後廠」（前は店，後ろは工場）の企業が生まれ，やがて大企業に発展していった．

温州は，山の多い地形で資源に恵まれないことから，以前から温州商人は中国各地に出稼ぎあるいは行商を行い，商才に富むことで知られていた．温州の手工業品は，行商人の手によって，運ばれ販売されていった．それは衣料品，ボタン，文具といった軽量なものであり，計画経済下においても，市場での流通を行っていたものと思われる．

温州商人の国内外に張り巡らされたネットワークは，「外出人」ネットワークといわれ，一説によると100万人以上が，域外で活動（全住民の6人に1人）しているといわれている．このような状態は，どの地域でどのよう

な需要が存在し，どのような原材料供給が可能であるかについていち早く情報を入手できることを意味している．

3．理論的枠組み

温州モデルの発生を問うことは，理論的には産業集積の形成メカニズムの探究という問題に属することはいうまでもない．産業集積の形成については，マーシャルの（1890），クルーグマンの（1994）だけでなく，数多くの理論的な説明が与えられてきた．本章では，まず，丹沢（2009）から，集積の発生をケイパビリティーの存在と蓄積プロセスに取引費用の削減の機会を見出すことに由来するとする視点を取り入れる．これによって一般的な産業集積の形成と温州モデルとの接点の部分を説明できるだろう．次にスモール・ワールドネットワーク理論を用いる．これによって同郷人とのネットワークが，情報のやり取りや，民間金融などを通じて，具体的に温州モデルの形成に寄与していった経路を説明する視点を得られるだろう．

（1） 取引費用の節約とケイパビリティーの蓄積プロセス

90年代以降の社会主義経済からの移行経済下にあって，今世紀に入ってから取引費用のコンセプトを用いる文献には，新たな志向性がみられる．第1に取引費用の節約をイノベーションとして捉えるものであり，第2に地域の外部性，自社組織のケイパビリティーを取引費用とともに考慮すべきとする考え方である（McMillan, J.(2002)，Dew, N.(2006)，丹沢（2009））．

すなわち，移行経済においては，マクミラン，J.(2002)がオークションの市場デザインに利用したように，計画経済に特有の調整の困難のために，取引の生み出す価値と関係しないところで資源を消耗してしまうという意味で，取引費用が高すぎるがゆえに発生することに失敗している市場のデザインという視点から導入されることが多い（McMillan, J.(2002)）．

さらにもちろん取引費用の削減による企業活動は産業集積に限らず，一般的に行われていることであり，それだけで産業集積を形成する十分条件であるということはできない．地域経済が産業集積として形成されていくためには，取引費用のコンセプトを用いながら市場と企業のケイパビリティーを分析する試みが展開されている（Langlois, R. N.(1995a)，Foss, N.(1996)，Sautet, F.(2000)，Madhok, A.(1996)）．十分なケイパビリティーが存在すれば，取引費用の高さは相殺されるからである（丹沢(2004)，丹沢(2006b)，丹沢(2009)）．逆に異なる地域が同じ高さの取引費用に直面しているならば，それを相殺するケイパビリティーをより多く持つ地域に企業家と市場が，言い換えると集積が発生することになる．

(2) スモール・ワールドネットワーク理論の視点

スモール・ワールドネットワーク理論とは，知り合い関係を辿っていけば比較的簡単に世界中の誰にでもいきつくことに着目する枠組みである．このアプローチは，1967年のスタンレー・ミルグラムらによる実験からはじまる．ミルグラムは，地理的にまた社会的に大きな距離のある人間が，6次の隔たりを介せば結びつけられることを，手紙を使用した実験で実証した．人間のネットワークはいわゆる「クラスタリング」があり，地理的にまた社会的に異質な人々の交流は困難であり，ネットワークは結びついていないという通念を覆すものであった．この実験はさまざまな追試がされており，国境を越えてまで人間のネットワークが結びついていることが確かめられている．

グラノヴェッター（1973）は，「弱い紐帯の強さ」として，親しさに乏しい，「遠い関係」が転職という生活の重要な出来事において「強い」，ことを見いだした．これは，社会ネットワークにおいては，地理的，社会的に遠距離にいる人々と結びつくことがいかに重要であるかを示した発見であった．このアプローチは，後に経済社会学の立場からバート（1995）による競争の社会的構造分析に精緻化され「構造的空隙」(structural hole)という概念を生み出した．

図3 スモールワールドの概念

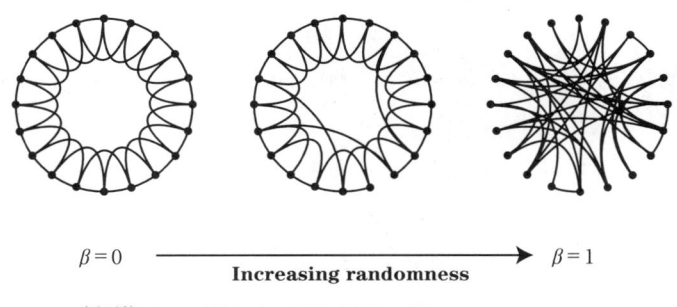

$\beta = 0$ → Increasing randomness → $\beta = 1$

（出所）Watts 1999 "Small Worlds", p. 68.

　ワッツ（1999），バラバシ（2002），ブチャナン（2002），らは，コンピュータのシミュレーションによってこの現象を確かめ，身近な狭い世界で結びついているネットワークが，遠方の，すなわちクラスタリングを越えた接点と結びついたとき，ダイナミックなネットワークの活性化が起こることを発見した．

　図3は，左から，近隣の接点だけが結びつくネットワーク，近隣の接点と緊密に結びつくが，遠方とも接点を持つ「スモールワールド・ネットワーク」，現実社会ではおそらく想定できない，すべての接点がランダムに結びつくネットワークを示している．

　この現象は，いわゆる「社会関係資本」（social capital）と概念化された．このような見えない資産を基にした戦略研究へと応用されることで，複雑系システム科学の発展とあいまって多様な経営現象，組織科学に応用される展開となった．嚆矢となったビジネス研究はミシガン大学ビジネススクールのベーカー，W.（2000）であり，その後，次々と多岐にわたり新たな研究がなされ始めている．日本の研究者では，安田（2001, 2004），西口（2007），稲垣（2003），若林他（2006）などが代表的である．西口において産業集積の形成プロセスの説明に使用されている．西口は温州でのイノベーションの大きな要因としてこのネットワークをあげ，外出人が中国内外の需要の動向の情報を持ち帰り，それに対応する形で産業集積が生まれた事例として，温州

の日用品の集積をあげている.

　稲垣は，イタリアのなかでも，特に「第三のイタリア」といわれる地域に，なぜ，どのようにして活気ある産業集積が形成されてきたのかという疑問を提示し，人と人との繋がりのなかからいくつもの企業が地域内に誕生するプロセスにその源泉があると読み解いている.

　また，経済地理学・都市社会学の分野からは，サクセニアン（1994, 2007）が登場した．サクセニアン（1995）は，シリコンバレーとボストン・ルート 128 とを比較し，研究開発活動のクラスター形成における人材活用面の重要性を強調している．サクセニアンは，The New Argonauts として，ある特定の地域出身者が，シリコンバレーに留学し，研究開発能力を身に付けつつ，同郷人とのネットワークを維持し，やがて郷里に戻る人々について考察している．そして彼ら，現代のアルゴノーツこそが，地域を活性化すると述べている．このサクセニアンの視点は，スモールネットワークによるイノベーション創出の傍証になるだろう.

　またビジネス研究において日本企業分析を続けてきたコンビである Kenny & Florida（1988）も，特にシリコンバレーの研究をすすめてきたケニー（2000）らは，その後，ブームが過ぎ去った後のシリコンバレーの活力の変化の分析へ，またフロリダ（2005）はケイブス（2000）らの「創造的産業」（creative industry）の市場特性分析の研究動向と共振しながら，「創造的階層」（creative class）の出現を提唱する方向へ分岐している．これらの分析は，さらに複雑系経済学（進化経済学）における塩沢ら（2008），情報経済論の立場からの原田泉編（2007）など, 経済地理学における「創造的都市」（creative city）の形成要因の分析をめぐる政策論（たとえば "Developing Creative Cities through Networking". The World Creative City Forum 2007 in OSAKA など）に展開することとなった．集積の社会的ネットワークと創造産業との関連は，たとえばネットワーク分析から映画産業の分析を行った若林他（2007）が典型であるように，一貫して重視されている.

　このようなネットワークがもたらす取引費用の節約効果，ネットワークが

持つ外部性が生み出すケイパビリティー，そしてこれらのケイパビリティーのゆえに他の地域よりも低い取引費用を実現することによる利益機会に着目した温州の起業家たちが内発的な経済成長を引き起こしたといえるだろう．次にわれわれが調査をした2つの事例を用いて例証してみよう．

4．事例による例証

人口6人に1人という，緊密な外出人のネットワークは，中国国内のみならず，欧州を含めグローバルに張り巡らされている．それは，温州人あるいは温州における企業にとって他では見いだすことの難しいケイパビリティーを形成しているといえるだろう．そしてこのケイパビリティーが，情報のやり取りに関する取引費用の節約に大きな役割を果たし，他地域に比して大きな優位性をもたらしていることは明らかであろう．それはスモールワールドとして，どの地域でどのような需要が存在し，どのような原材料供給が可能であるかなど，新しい集積を創り出すのに有用な情報を，いち早く入手できるということを意味する他，信頼できる取引先を探す場合等に大きな意味を持つ．

(1)　中国康奈集団

われわれは，2006年7月，浙江省温州市に本社を持つ康奈集団有限公司（図4）を訪問した．同社は，1980年に設立され，スタート時の従業員は8名であったが，現在，従業員3,000人以上，固定資産12.5億人民元，年間売上額5億人民元，主力製品である革靴の年間生産能力300万セットであり，革製品の分野では温州はもとより中国でも最大級の企業に成長している．

温州の靴は，1980年代には「粗悪品」という悪評が立った．その時代は市場のニーズが大きいにもかかわらず，供給が追いつかず，いわば，「何を作っても売れる」状態であった．ゆえに品質やデザインに注力するインセン

図4　康奈集団正面入口

ティブは働かず，結果，温州の革製品の品質は悪かった．

しかし現在では，同社工場には高品質のブランドを謳う標語が随所に掲げられ，品質に関する水準は高いものがある．温州市政府も"偽物生産基地－温州"という汚名を返上すべく自社ブランド確立を域内企業に奨励する施策を積極的にとっているという．

同社の生産品目は，靴，ベルト，財布といった革製品から，現在では下着，服装などファッション・アパレルの分野に及んでいる．当初は，生産のみを行い，デパート等への出荷などを行ってきたが，現在は，販売網を独自で構築する垂直統合を行い，自社のブランドを販売する店舗展開を主力としており，フランチャイズ・システムによる店舗展開，直営店舗を含め中国国内に約1,000店舗を展開するにいたっている．

当初は，欧米ブランドを生産するいわば，OEMを行っていたが，現在では，自社ブランドを冠しての高級品を軸にマーチャンダイジング（商品政策）を行っている．

また，国内市場だけでなく海外市場を視野に入れた事業を展開している．

現在では，国内の市場のみならず，日本をはじめ，米国，EU，韓国，ロシア，アフリカ等20数カ国に商品を提供している．輸出については，1990年から意識をし始めたとされる．当初は，イタリア，アメリカ，ドイツの商品展示を行う見本市に参加し，技術力をアピールし，取引のネットワークを構築していった．

輸出だけではなく2001年より，自社ブランドによる，海外への直接出店も開始した．現在ではニューヨーク，ロンドン，パリ，ミラノ，ローマ等に店舗を展開している．また，最近では中国国内の生産だけではなく，ロシアでの生産を開始したという報道があった．

高級化戦略の柱となるのが自社ブランドの確立である．社名を，長城靴業有限公司から，現在の中国康奈公司に変更し，コーポレートブランドを確立した．また，プロダクトブランドとしては，「KANGNAI」ブランドの知名度をあげ，OEMから脱却する努力を行ってきた．

また，欧米諸国，あるいは日本でも通用するためには，ファッションに関する高感度なデザイン能力が必要である．現在では同社は，「中国随一のレベル」であるとされるが，そのために，デザイナー養成専門学校を設立，運営し，この分野での人材を育成している．また，この分野こそ毎年，季節の単位で流行が目まぐるしく変化する部分であり，衣料品を含めた流行についての情報を早期に入手しなくてはならない分野である．

その努力の結果，現在では，最高級品を欧米にも出荷できるようになった．ドイツのブランド品の注文に基づいて製造し，一度ドイツに出してからまた中国に輸入することもある．

温州に立地していることのメリットとデメリットについては，メリットとしては，温州の靴業者は歴史が長いことが指摘された．交通的に海に近いのが良い．金型など関連産業，材料，手工業にかかわる技術者も多い．デメリットは，労働力のコストで，すでに月に1,200元となっていることがあげられた．

同業者組合について，同業者の協会があるという回答を得た．その主な機

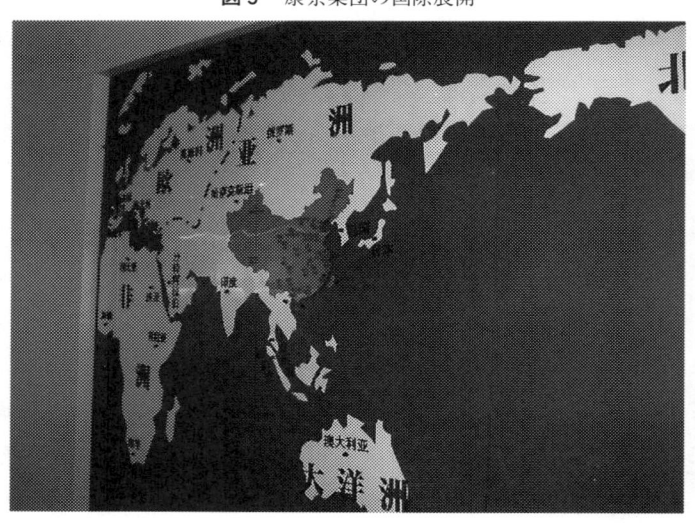

図 5　康奈集団の国際展開

能は，メーカーの意見を政府に伝えたり，海外の生産業者からダンピングと批判されたときに代表をしてアメリカ，WTOに意見をいうことなどである．

　民間金融については，われわれの質問に対してなかなか明快な答えは得られなかった．もちろん使ったが今はわからないというものであった．一般的な話としてトラブルは，新聞のニュースでトラブルは見たことがあるなどの回答，一般的にトラブルがあったら，個人の間で解決し，後は裁判になるとの回答しか得られなかった．従業員8名の企業が3,200名の企業に成長するには，必ず通るプロセスであると推測されるが，灰色の部分にかかわる問題もあり，調査の限界でもあると思われた．

　では，このような企業の成長のプロセスには，どのような場面でネットワークが生かされ，そのネットワークにどのようなケイパビリティーが存在し，これらによってどのような取引費用削減の機会が提供されたのであろうか．また，政府や業界団体はどのような取引費用削減の制度デザインを行ったのだろうか．

　ネットワークは特に温州の康奈集団の海外展開と緊密に結びついた発展に

活かされている．1990年代の早い時期から海外に目を向けた同社は，革製品の分野では温州はもとより中国でも最大級の企業に成長している．ファッション製品を主力とする企業であるところから，毎年大きく変化する世界のファッションの流行を的確に捉え，製品に反映することが求められる．この能力は温州の外出人ネットワーク，特に皮革製品についてはイタリア・ミラノ周辺に温州人経営の企業が多く存在（西口（2007）9-10頁）するメリットを享受している．その結果，国内市場だけでなく海外市場（輸出）にも注力しており，米国，欧州，日本といった先進国だけではなくロシア，スペイン，アフリカ等20数カ国に輸出を行っている国際企業に成長している（図5）．

　また，この地域における金型など関連産業，材料，手工業にかかわる技術者も多いことは，大きなケイパビリティーをもたらすものであるといえよう．ここに温州商人のもつ需要と供給に関する情報力というケイパビリティーが加わり，他の地域の潜在的な企業家と比べて比較にならぬほどの取引費用上の優位を得ていたというところにこの地域に製靴業の企業が成長する余地があったと思われる．

　もちろん，改革開放を背景とした地方政府のさまざまな制度デザインの中でも，粗悪製品に対する地方政府のブランド政策，ある程度成長した段階での同業者組合の行動などは他の地域の潜在的な競合比較において取引費用上の優位をさらに高めるものであったといえよう．

　また，取引費用の節減の効果は，民間金融の利用について生かされているといえよう．中国における民間金融とは，「合会（he hui）」といわれ，イン・フォーマル金融である．日本の「無尽」に相当するものである．親族・知人同士の間のネットワークの貸借で，借り手は数人一組のグループを編成し，工芸や畜産など生業の収益を踏まえて作った各自の返済計画をグループ内で作成，相互保障を行う．資本市場が未発達であって，資金調達について禁止的な取引費用をもたらしていた状況において，必須の条件であったと思われる．われわれの調査では調べきれなかった側面であるが，その潜在的な重要性はここに指摘しておきたい．

図6　正泰集団公司全景

(2)　正泰集団公司

　正泰集団公司（図6）は，1984年温州で設立された．現在は中国民営企業トップ500の中でも五指に入る大規模な企業である．現在の売上高は，150億元以上，従業員数は，15,000人以上，中国を代表する重電部門の民営企業である．高圧変圧器，碍子，絶縁変圧器など，電器・発電関連の部品，プラントを製造している．温州市内に大規模な工場を持つが，国内に多くの拠点を展開し，北京あるいは上海などに，GEなどの海外との合弁会社を含め，多くの関連企業を持っている．取引を行うデストリビューターは，全国に800社以上を持つ．現在では，中国全土への販売・サービスの拠点を展開した．

　また，海外にも輸出を行い，現在ではEC諸国，南アメリカ，中東などに30余りの代理店形式による販売拠点を展開している．

　また，技術面でも欧米日本に肩を並べ，スイッチ，パワーサプライなどについて特許を持つ部品もある．またISOなどの国際規格の認証を取得している．また中国の宇宙開発事業にも同社は進出し，神舟7号にも同社製品が搭載されているという報道があった．

第4章　温州の内発的発展とネットワーク——試論　89

図7　正泰は我が家

　もともと，同社は1984年に設立されたスイッチ製造工場からはじまる．当初は，温州人4，5人で創業したが，創業者は，立志伝中の企業家で，高校卒で靴屋を手伝っていた．はじめに作った製品は，低変圧器であった．成長の要因になった最大のきっかけは，企業家精神と大学との提携，国との取引であった．また国の規制の変化も大きかった．最初のヒット商品は小型のデジタル遮断機であったという．

　すなわち，大きな時代背景として，改革開放が挙げられる．次に市政府指導者の支持を得られたこと，たとえば，もともと柳市に創業したが，温州市に土地の使用権を得たことが挙げられる．さらに，温州は，昔から商業が盛んで，創業者の資質と人材を大切にする風土が重要であったという．そこで，温州人のネットワークは役に立ったし，温州商人とのコンタクトはもちろんある．

　社屋内にも，「正泰は我が家」（図7）あるいは品質管理の重要さを強調する標語が掲げられ，また，提案活動が行われるなど（図8），従業員と一体となって経営を行う姿勢が見られた．

図8　提案活動の意見箱

　事業資金について，はじめは民間金融が役に立った．90年代半ばからは銀行から得るようになった．その後，1990年にアメリカ企業と合弁し，資金を確保したことが飛躍の契機となった．競争相手は，国内では，ジューシュク，上海人民企業であるが，こちらはもともと国有企業でこちらのほうが技術的に少し上であるし，費用構造も有利であるとのことである．

　国外ではシーメンス，明電社があげられる．これまでは，インフラ整備に伴う国内需要の高まりで，十分成長は可能であったが，ISO9001, 14001認証も取得するなど，これからは国内はもとより全世界に通用する企業としての体裁を整える．今後は，中国のWTO加盟により，市場は変化し，中国の内需だけではなく，国際競争力をつけて，海外市場の確保をも狙っている．

　温州の土地のメリットは人の和があることが，強調されていた．加えて，同社の最大の強みは地方政府との良好な関係であろう．この点にネットワークが生かされている例である．改革開放という時代背景は，他の地域にも当てはまることであり，特に温州の優位性をもたらすものではないが，地方政府の支持はやはり重要だったと思われる．しかし創業から政府との取引を始

めるまでの時代には，製靴工場の従業員が金型に関する知識を蓄え，温州人4,5人で簡単なスイッチ製造工場を設立した時点では，やはり温州という地域の創業精神とネットワークが重要だったと思われる．特にこの段階では，「簡単なスイッチ」に関する需要の存在，それを製造する知識の蓄積と所在，供給のための温州商人による情報の伝達が，他地域に比べ大きな取引費用上の優位性をもたらしたものと思われる．

また，創業段階を脱し，重電部門の企業として成長してからは，今度は温州人としての地方政府とのネットワークが新たに大きな優位性をもたらすケイパビリティーとして役割を果たしたと思われる．

5．結　語

本章では，中国における内発的発展が存在し，その経済的合理性を明らかにしたこと，この発展のメカニズムが当地における独特のネットワークによる優位性がもたらした外部性と取引費用の節約効果であることを示した．温州モデル，すなわち中国の経済成長のなかでも際だった特徴を持つ内発的発展のメカニズムには，温州人の持つネットワークによる取引費用の削減効果があった．それは，政府の役割や外資の役割に注目するモデルと大きな差異を持つ．また，天然資源や，農業といった第一次産品や，インフラストラクチャーの整備など，従来，地域発展の要因とされてきた地域資源を欠いた環境の中での発展であった．

この論理の構築はいまだ試論的なものであり，さらに事例によって例証していく必要があると思われる．たとえば，温州では義烏などの小売業の集積はもっともその必要性を持つ対象であろう．

また，大連などの日系企業と関連した生産基地としてのオフショアリングビジネスから，ソフトウェアのオフショアリングを経てBPO（Business Process Outsourcing）への進化を見せている集積もまた，興味深い研究対

象であるといえよう．われわれでは実態調査と理論的な枠組に関する研究会を重ねながらさらに探究していきたいと考えている．

1) 1996年まで鉄道すらなかったという．
2) 社隊企業には，必ずその設立の当地で材料を取得し，当地で加工し，当地で販売するという「三当地」原則が課されていてそれが発展の妨げになっていた．郷鎮企業ではこの原則は緩和され，広大な市場に向けて事業を行うことができた．呉敬連（2004）pp.102–103．

参考文献

Ronald S. (1995) *Structural Holes: The Social Structure of Competition.* Harvard U.P.．『競争の社会的構造—構造的空隙の理論』安田雪訳，新曜社，2006年．

Baker, W. (2000) *Achieving Success Through Social Capital: Tapping the Hidden Resources in Your Personal and Business Networks*（University of Michigan Business School Management Series），Jossey-Bass『ソーシャル・キャピタル—人と組織の間にある「見えざる資産」を活用する』中島豊訳，ダイヤモンド社，2001年．

Barabasi A. (2002) *The New Science of Networks*, Perseus.『新ネットワーク思考』青木薫訳，NHK出版，2002年．

Buchanan (2002) Nexus: Small Worlds and the Groundbreaking Science of Networks, Norton.『複雑な世界，単純な法則』阪本芳久訳，2005年．

Burt R. S. (1995) "*Structural Holes: The Social Structure of Competition*", Belknap Pr.

Caves, R. (2000) *Creative Industries: Contracts between Art and Commerce. Cambridge*, Mass.: Harvard U. P.．

Coase, R. (1937) "Nature of the Firm" in: *THE FIRM, THE MARKET, AND THE LAW*, 企業の本質『企業・市場・法』宮沢健一，後藤晃，藤垣芳文訳，東洋経済新報社，1992年．

Dew, N. (2006) 'Institutional Entrepreneurship', *ENTREPRENEURSHIP AND INNOVATION*, February 2006, pp.13–22.

Florida, R. (2005) *The Flight of the Creative Class*, Harper Collins『クリエイティブ・クラスの世紀 新時代の国と意志，人材の条件』井口典夫訳，ダイヤモンド社，2007年．

Foss, N. J. (1996) "Capabilities and the Theory of the Firm" *REVUE D'ECONOMIE INDUSTRIELLE* n 77, 3 trimestre 1996.

Granovetter, M.. (1973) "The Strength of Weak Ties"; *American Journal of Sociology*, Vol.78, No.6., May 1973, pp.1360–1380.

原田泉編（2007）『クリエイティヴ・シティー　新コンテンツ産業の創出』NTT出版．

稲垣京輔（2003）『イタリアの起業家ネットワーク―産業集積プロセスとしてのスピンオフの連鎖』白桃書房，2003年．

Kenny, M. & R. Florida (1988) 'Beyond Mass Production: Production and the Labor Process in Japan', *Politics and Society* 16 (1) : 121-158. Kuhlmann.

Kenny, M. (2000)(ed.) *Understanding Silicon Valley: The Anatomy of an Entrepreneurial Region* (Stanford Business Books) Stanford U.P.『シリコンバレーは死んだか』加藤敏春，小林一紀訳，日本経済評論社，2002年．

Krugman, P.『脱「国境」の経済学―産業立地と貿易の新理論』，北村行伸，妹尾美起，高橋亘訳（1994），東洋経済新報社，（原書初版1993）．

Langlois, N. (1995a) "Do Firms Plan?" Constitutional Political Economy, 6, pp.247-261.

Madhok, A. (1996) "The Orgaization of Economic Activity: Tansaction Costs, Firm Capability, and the Nature of Governance", *Organization Science*, Vol.7 No.5 pp.577-590.

Marshall, A. (1890)『経済学原理』，マーシャル，A. 著，馬場啓之助訳（1966），東京経済新報社，（原書初版1890）．

McMillan, J. (2002) '*Reinventing the Bazaar*'－A Natural History of Markets－, W.W. Norton & Company New York.

西口敏広（2007）（一橋大学）「遠距離交際と近所づきあい　成功する組織ネットワーク戦略」（NTT出版　2007年）．

李建平（2006）「温州の内発的経済発展」，中央大学政策文化総合研究所，『温州・義烏・上海訪問調査』事前研究会報告，2006年7月20日．

Sautet, F. (2000) An Entrepreneurial Theory of the Firm, Routledge 2000.

Saxenian, A. (1994), "REGIONAL ADVANTAGE", サクセニアン（1995）『現代の二都物語　なぜシリコンバレーは復活し，ボストン・ルート128は沈んだか』講談社，1995年，邦訳：大前研一訳．

サクセニアン（2007）"The New Argonauts － Regional Advantage in a Global Economy",『最新・経済地理学　グローバル経済と地域の優位性』（邦訳：酒井泰介訳　星野岳穂，本山康之監訳，日経BP社，2008年．

塩沢由典・小長谷一之『まちづくりと創造都市　基礎と応用』晃洋書房，2008年．

丹沢安治（2006）「ライン河上流のバイオ・クラスターにおけるガバナンス構造―コーシアン・イノベーションとイノベーションミックスの視点から―」『三田商学研究』第49巻4号，53-68頁．

丹沢（2009）「イノベーション創出戦略としての中国における校弁企業の展開―新たな産業集積の理論と検証―」中央大学政策文化総合研究所研究叢書，丹沢安治編著，中央大学出版部，2009年．

若林他（2006）「産業クラスターにおけるネットワークとガバナンス」経済社会学会年報第28号.

若林他（2007）「高業績映画プロジェクトのソーシャル・キャピタル：優れた日本映画の「組」はどのような社会ネットワークから生まれるのか？」『組織科学』40(3), 41-54頁.

Williamson, O.（1975）『市場と企業組織』日本評論社, 1980年11月.

Williamson, O.（1985）*The Economic Institutions of Capitalism : Firms, Markets, Relational Contracting,* Free Pr.

Williamson, O.（1999）'Strategy Research: Governance and Competence Perspectives', Strategic Management Journal, 20 (12), December 1999, 1087-1108.

安田雪（2001）『実践ネットワーク分析―関係を解く理論と技法』新曜社.

安田雪（2004）『人脈づくりの科学 「人と人との関係」に隠された力を探る』日本経済新聞社.

Watts Duncan J.（1999）*"Small Worlds"* Princeton University Press.

（財）横浜産業振興公社編集協力　蒼蒼社編集部編（2003）『上海経済圏情報』蒼蒼社.

呉敬連（2007）『現代中国の経済改革』日野正子訳, 青木昌彦監訳, 2007年03月, NTT出版.

浙江省人民政府HP（http://www.zhejiang.gov.cn/zjforeign/japan/index.html）

第2部

第5章

改革開放以後の中国の非公有企業の復活と発展

李　建　平

1. はじめに

　まず，中華人民共和国建国から現在までの，非国有企業の変遷を概観しよう．1949年から1952年までは経済回復期にあたり，この間，中国共産党は，長期戦争によって破壊された国民経済を早期に回復するために，私有企業[1]に対して，融資・税金などの面で優遇政策をとった．と同時に，在庫品の処理や労使問題の解決についてもさまざまな支援を与えた．これらの補助や支援策により，私有企業の生産は迅速に回復し，社会全体の雇用人口も増加した．1949年と比較して，経済回復期が終わった1952年において，私有工業企業数は21.4%，雇用人口は25.1%，総生産高は54.2%に増加した．また，私有商業企業数も6.9%に増え，雇用人口は2.2%，総売上高は18.6%に伸びた．しかし，1952年，中国共産党は，国家工業化の実現や農業・手工業・資本主義工商業への社会主義改造という社会主義の過渡期における総路線を決定した．これ以降，中央政府は，官僚資本主義企業[2]に対しては直接没収などの手段で公有化し，民族資本主義企業[3]に対しては公私合営・平和的買収などの方式で改造し始めた．1956年に私有企業は全滅し，個人の自営業も国民経済においてわずか7.1%を占めるにすぎなかった．こ

のようにして公有企業を基礎とする計画経済システムが構築され，それは1978年まで維持された[4]．

1978年まで，公有企業は主に全民所有制企業と集団所有制企業から構成されていた．全民所有制企業は，資産が社会全体の労働者に所有される企業，集団所有制企業は，資産が社会の一部の労働者に所有される企業である．これに対して非公有企業の概念は，1999年3月に第9期全国人民代表大会第2回会議で可決された『憲法改正案』で確立されたものである．非公有企業は，公有企業以外の経済組織の総称であり，自営業[5]・民営企業[6]・外資企業・合資企業・株式制企業などを含む．自営業と民営企業の区別は雇っている従業員の人数の違いにある．7人以下の従業員を雇っている経済組織は自営業に，8人以上の従業員を雇っている経済組織は民営企業に分類される[7]．

1978年になってはじめて，非公有企業に対する束縛が徐々に解かれ始め，これ以降，非国有企業は紆余曲折を経て発展してきた．2006年において，非公有企業の総付加価値はすでにGDPの65％に達した．本章の目的は，主に改革開放後の中国の非公有企業の変遷，民営企業の実態，および民営企業に対する地方政府の政策を紹介することである．

本章の構成は，次のとおりである．第2節では，既存の研究や資料に基づいて改革開放後の中国の非公有企業の復活と発展の過程を明らかにする．第3節では，2007年9月に中国民営企業に対する実態調査を踏まえて中国の地方（鎮江市）の民営企業の現状や特徴，および地方政府の民営企業に対する政策やサポートを紹介する．第4節はまとめおよび展望にあたる．

2．非公有企業の変遷

改革開放の政策が施行された1978年から現在までの中国非公有企業の発展過程について，復活，曲折の発展，順調な発展，本質的転換という四つの段階にわけて説明する．

(1) 復活（1978-87年）

1978年から，中国共産党は徐々に私有企業に対する足枷を緩め始めた．1978年12月第11期中国共産党第3回会議は，農村の商工業における民営企業・個人の自営業・自由市場などに対する解禁を公表した．これは農村の経済の回復を大いに促進した．

1979年に農村に「下放」[8]された大勢の青年の都市への回帰に伴って，都市部の失業問題はますます深刻になった．都市の失業問題を解決するために，政府は都市部の住民に対して自営業の営業許可書を出し始めた．最初の個人の自営業は79年に南の広州で現れた．当初の自営業は，主に理髪（床屋），靴修理，傘修理，家具修理，時計修理，露天飲食業などに限定された．79年の末，全国で約10万人の自営業が営業許可を取得した[9]．

当初，自営業者は，社会の地位が低く多くの人々に軽蔑され，また保守派からの批判を受けていた．中国共産党中央委員会は，雇用問題の緩和や経済の回復を図るために，全国に「一層都市部と郷鎮の就業を促進せよ」[10]など一連の文書を出し，ある範囲内の自営業が社会主義公有制経済への必要な補充であることや，自営業者を自力で働く労働者とみなすべきであり，彼らを非難や差別をしてはならないことを明言した．さらに，1982年12月第5期全国人民代表大会第5回会議で可決された『憲法改正案』は，自営業を社会主義公有制経済への必要な補充とする社会的地位を正式に認めた．これらの政策は，80年代初期中国の非公有企業の復活や中国経済の回復に役立った．

郷鎮企業は集団所有制企業の一種であり，以前の農村の人民公社（現在の郷鎮）や生産大隊（現在の村）が所有した企業である．改革開放後，中央政府は，農村の経済の発展を促進するために，長い間郷鎮企業に対して銀行の融資条件や原材料の提供や税金の面で優遇政策をとっていた．1984年10月第12期中国共産党中央委員会第3回会議で『経済体制改革に関する中国共産党中央委員会の決議』は，多様な所有制企業の共同発展という概念を言い出し，民営企業の発展を暗黙的に認めた．1984年から，地方政府は，農村の民営企業を郷鎮企業とみなし，そのような民営企業に対して郷鎮企業と同

様な優遇政策を取り上げた．それによって，当時，便宜をはかるために直接に郷鎮企業の名義で企業を興すケースも多かった．この現象は「赤い帽子」をかぶると呼ばれる．

(2) 曲折の発展（1988-91年）

1987年11月に第13期中国共産党全国代表大会では，自営業や民営企業の存在と発展の意義が正式に評価され，また公有制企業の主体的地位を維持した上に他の多様な所有制企業の発展を認めるという方針が決定された．さらに，1988年4月第7期全国人民代表大会で可決された『憲法改正案』は，民営企業も社会主義公有制経済への補充であり，国がその法的権利や発展を守ることを明確にした．したがって，それまで赤い帽子をかぶった民営企業はすぐ赤い帽子を取って速やかに発展していた．1987年の末全国に民営企業が15万社であったが，1988年の末になって22万5千社にも上った[11]．

しかし，1989年の天安門事件以後，資本主義のものとされる民営企業は，巻き返した保守派から強い批判を受けて後退せざるをえなかった．そこで，1989年の末に民営企業は9万6百社までに急減した．多くの民営企業は，生き残るために郷鎮企業などの公有企業という「赤い帽子」を再びかぶった[12]．

(3) 順調な発展（1992-98年）

1989年の天安門事件，特に1991年のソ連崩壊以後，しばらくの間，世界では中国は，アメリカをはじめとする資本主義陣営の国々から経済制裁を受けて孤立した．同時に国内では保守派の勢力が新たに台頭し，改革開放の路線に猛烈に攻撃した．したがって，中国経済は一時的に後退した．

1992年2月中国の春節の間に，89歳の鄧小平は，中国の南の広州・深圳・珠海・上海・武漢などの都市を視察し，それらの都市の共産党の幹部と談話し，経済改革の重要性や緊迫性をアピールした．それは有名な「南巡講話」である．鄧小平は，「南巡講話」を通じて，それまでに続いた改革開放の路線に関するイデオロギー的論争に終止符を打ち，社会主義市場経済体制

表1　1992-98年民営企業の変遷

	1992	1995	1998
企業数（万社）	14.0	65.5	120.1
従業員人数（万人）	201.5	822.0	1,445.3
生産高（億元）	205.0	2,295.0	5,853.0
税収額（億元）	4.6	35.6	163.0

（出所）中国国家工商管理局編『工商行政管理統計編纂（1989-2000）』，『中国税務年鑑』（1993-2000）．

の構築を促進した．それを受けて，1993年3月第8期全国人民代表大会で改正された『憲法』では，中国の経済体制が社会主義市場経済体制と正式に規定されることになった．それから，中国では非公有企業は順調かつ迅速に発展していった．

表1から1992-98年の7年間において中国の民営企業の成長が非常に速かったことが読み取れるであろう．まず，民営企業数は92年に14万社であったが，98年に120万社に達し，年平均伸び率が108％になる．次に，民営企業の従業員数は，201.5万人から1,445.3万人に増え，年平均伸び率は88％になる．特に民営企業からの税収額は，4.6億元から163億元に増加し，年平均伸び率は492％に上る．

(4) 本質的転換（1999-現在）

1999年3月に第9期全国人民大会第2回会議で可決された『憲法改正案』は，初めて非公有企業を定義し，特に非公有企業が社会主義市場経済の重要な構成部分であることを明確に規定した．つまり，これは，憲法上非公有企業が公有企業と同様な法的地位を有することを意味する．

また，2004年3月に第10期全国人民大会第2回会議で可決された『憲法改正案』は，政府が，非公有企業に対して保護するのみならず，激励・支持をすべきことや，関連の法律に沿って指導・監督・管理をすべきことを規定した．それから中国政府は，非公有企業に対する監督・管理を「人治」方式から「法治」方式[13]に改めた．

『中国民営経済発展報告（2005-2006）』によると，2000-2005年の6年の間，民営企業の投資総額とその雇用人口はともに急速な成長を見せた．民営企業の投資総額は，2000年に13,807億元，2005年に53,193億元に達し，年平均伸び率が29％以上になる．第2次産業および第3次産業における民営企業の雇用人口は，2000年に2.79億人，2005年に3.79億人に上り，7,000万人ほど増加した．総じて，2005年になって，中国のGDPにおいては，国内の自営業や民営企業の収益は50％，外資企業[14]の収益は15％，それらを合わせた非公有企業の収益はすでに65％のシェアを占めるに至った．つまり，これは中国の経済体制がもはや社会主義ではないということを示唆する．

さらに，2007年3月に第10期全国人民代表大会第5回会議で『企業所得税法』が改正された．この新しい『企業所得税法』によって，中央政府は，今後民営企業や外資企業を含めてさまざまなタイプの所有制企業に対して一律に25％の企業所得税を徴収する．ただし，以下のようなタイプの企業はなお政府の優遇政策を受けられる．

① 政府の条件を満たす小規模でかつ利益が微小な企業に20％の優遇税率で対応する．
② 国が重点的に育成するハイテク・ニューテク産業の企業に15％の税率で優遇する．
③ 創業期の企業，および環境保護・省エネ・安全生産などの分野に投資した企業に優遇する（優遇税率は検討中である）．
④ 農林牧水産業・インフラへの投資に対する税制上の優遇政策を維持する．
⑤ 西部地域開発に投資した企業に対する税制上の優遇政策を維持する．

それに対して，生産的外資企業に対する「2免3減半」の優遇政策を止める．「2免3減半」とは，中国に投資し，かつ10年以上中国で経営する外資企業に対して利潤が出た年から最初の2年の企業所得税を免除し，その後の3年目から5年目までの企業所得税を半減するという優遇政策である．また，

製品を主に輸出している外資企業に対する企業所得税半減の優遇政策，および国家級経済開発区に対する15％の優遇企業所得税率をも中止する．

したがって，以上の新しい『企業所得税法』によって，今後の政府がすべての所有制企業に対して同様に取り扱い，特に国内の民営企業に対する差別を徹底的になくすことになる．

3．鎮江市の非公有企業の現状と特徴

この節では鎮江市政府ホームページ，鎮江市価格情報網で公開されている資料，鎮江市政府経済貿易委員会の責任者の講演などに基づいて，鎮江市の概況・非公有企業の現状・特徴を整理する．

（1） 鎮江市の概況

鎮江市は揚子江の南岸にあり，3,000年以上の歴史を持ち，1986年に中央政府によって選定された「国家歴史文化都市」である．東には常州市と，西には南京市と隣接し，北には揚子江を隔てて揚州市に臨む．大運河と揚子江が交差するところに位置し，滬寧線[15]の急行列車[16]が止まり，滬寧高速道路や揚子江沿い国道もそこを通り，特に2005年に完成した中国一の潤揚大橋で北岸の揚州市とつながり，交通的に非常に便利なところである．市内には中国一の寺院である金山寺があり，特産物の1つである鎮江黒酢も昔から全国に名が知られており，また揚州市とともに中華料理の中でもっとも古い流派の1つである淮揚料理の本場でもある．

鎮江市は地区クラスの都市であり，その下に丹陽市・句容市・揚中市という3つの県クラスの都市，潤州区・丹徒区・京口区・鎮江新区という四つの県クラスの市内区[17]を管轄している．鎮江市の総面積は3,847平方km^2，総人口は296.2万人，そのうち鎮江市内人口は113.1万人である．

鎮江市内には江蘇大学・江蘇科学技術大学など6つの大学がある．そのう

ち，江蘇大学は，国家重点大学となっており，2007年に中国管理科学研究院による大学の総合力評価で81位とランク付けられた．現在は，在学大学生数は3万3,000人に上る．そのほかに，市内には普通高校と高等専門学校を合わせて30校がある[18]．

(2) 鎮江市の非公有企業の現状

2006年に鎮江市には自営業と民営企業を合わせて10万社以上，会社登記の資本金は400億元弱に達する．2006年にそれらの私有企業は，付加価値生産が全市のGDPの50％以上，実行した投資額が全市固定資産の投資総額の50％以上，収めた税金が全市税収の50％を占めた．鎮江市の民営企業は，主に飲食業，メガネなどの軽工業製品，自動車部品，電機製品，製紙などの産業に集中している．

他方，現在，鎮江市に進出している外資企業は，約1,300社，投資額が65億ドルである．外資企業は，主に製紙，化学，建築材，自動車と船舶の部品，電子，建築用機械，医療器械，冶金，食品などの産業に集中している[19]．

(3) 民営企業に対する市政府の政策

鎮江市の民営企業が全市の経済成長および失業問題の緩和に対して大きな貢献を果たしていることから，最近市政府は，優遇政策のみならず，行政サービスの面でも積極的にサポートしている．以下では鎮江市政府の民営企業激励政策および行政的サポートの詳細を紹介する．

(1) 民営企業に対する激励政策[20]

① 市場参入

市政府は，国の法律や中央政府の法規が明確に制限していない領域に対する民営企業の参入を認める．また，外資企業に開放すると承諾した産業のすべてに民営企業も参入できる．水利・交通・エネルギー・通信・都市建設・環境保護・先端技術・文化・教育・体育・医療・観光・社会福祉などの産業への参入を激励する．新規会社の登記に国の法律や中央政府の法規以上の制

約項目を設けない．

② 設備投資と技術革新
- 国の産業政策のなかで指定された技術革新のプロジェクトに符合する投資に必要な国産設備の購入費用のうち，40％の分に対して当該企業の前年度より増加した企業所得税をもって補助する．
- 『国内投資プロジェクトのうちの免税しない輸入商品リスト』に載っている商品を除いて，『当面国家が重点的に奨励する産業・製品・技術リスト』に適合する投資プロジェクトに使用する設備投資総額のうち，外国から輸入した分の自社生産用の設備（その設備に付随する技術・部品・備品を含む）に対しては，関税および輸入における増値税[21]を免除する．
- 国の産業政策に符合し，かつ科学技術水準が高く経済効果が顕著で市場占有率が高い重大な技術革新のプロジェクトである場合には，国・省・市のそれぞれに投資プロジェクトにかかわる負債の利子分の補助を申請することができる．
- 新製品や新技術の開発費用および科学技術の研究成果の産業化過程にかかった開発費用の全額を生産コストに算入することができる．また，民営企業が開発した国家級の重点新製品および省級の新技術・新製品について，それらが確認された日から2年以内に増値税の中の地方政府留保の部分を地方政府は当該企業に還付する．
- 国内特許出願および国際特許出願[22]を通して特許を取得した民営企業に対して適当な補助金を与える．産業化された特許技術は政府の関係部門に確認されてから直接に市レベルの科学技術の研究成果の評価を受けることができる．
- 「中国ブランド商品」または「中国馳名商標」[23]の称号を新しく獲得した企業に50万元の奨金を，「国家免検製品」[24]の称号を新しく獲得した企業に20万元の奨金を，「江蘇省ブランド商品」または「江蘇省著名商標」の称号を新しく獲得した企業に10万元の奨金を与える．自主的

知的財産権または有料で受け継いだ知的財産権を保有する企業の中，中国特許の金メダルを獲得した企業には30万元の奨金を，中国特許の優秀賞を獲得した企業には市政府から20万元の奨金で奨励する．

③　大学・研究機関・留学帰国者の企業

大学・科学技術研究機関・企業の研究者および留学帰国者が出資して創立した研究開発型企業，または彼らが自分の取得した特許や研究成果をもって企業創立に参加した企業，および民営企業に技術的サービスを提供する企業に対して，それらの企業から徴収された個人所得税の中の地方留保部分の全額を3年以内に地方政府が還付する．

④　農村と都市の自営業

合法的な農村の流動している（モノの販売や修理など）自営業者に対して，国の法規以外に工商行政管理機関への登記を省略し，税金を免除する．都市の自営業者に対して，自分で生産したモノの販売による毎月の売上高が5,000元以下，またモノの加工・修理・販売代理などの役務の提供による毎月の売上高が3,000元以下である場合には，増値税を免除する．都市の自営業者に対して，交通運輸業・飲食業・娯楽業などのサービス業におけるサービスの提供による売上高が5,000以下である場合，営業税[25]を免除する．

⑤　ショッピングセンターの建設

民間投資による各種の専門的ショッピングセンターの建設（拡大を含む）に対して，それらの建設過程にかかわる諸行政的管理費を免除する．

⑥　土地使用

民営企業の生産的重大なプロジェクトに必要な土地に対して，市政府は統一的かつ優先的に調整・手配をする．協議で譲渡することが認められる民営企業の工業用地に対して，譲渡する際の工業用地価格は，公定協議的譲渡価格の最低水準で執行し，または国有土地賃貸方式で土地使用権を取得させ，毎年賃貸料を取る．民営企業は法的手続きに基づいて取得した土地使用権を，法的手続きに従って譲渡・貸出・抵当，および株式に換算し投資することに使うこともできる．

⑦　担保企業の創立

市内外の民間資本が担保企業[26]を創立することを激励する．民営担保企業に対して，その創立日から3年以内に営業税および諸行政的管理費を免除する．

⑧　従業員の研修

政府が出資して各種の人材を養成するプログラムに民営企業の従業員が申し込むことができる．民営企業が従業員の研修に実際にかかった費用の全額を生産コストに算入することができる．専門職の評定において，民営企業は他の所有制企業と同じ待遇を受ける[27]．民営企業の経営者や従業員は出国して当該企業に関連する経済活動を行う場合，出国手続きにおいて公務的待遇を受けることができる．

(2)　民営企業に対するサポート[28]

1978年以後，とりわけ1990年代後半から鎮江市政府は，民営企業を発展させるために，産業政策の面のみならず，行政サービスの面でもさまざまなサポートを提供してきた．以下では，宣伝活動，創業基地の建設，教育・訓練，技術革新の促進，行政サービスのアウトソーシング，政府の誘導・融資の促進，情報の提供・企業間交流の促進という7つの面における市政府によるサポートを紹介する．

①　宣　伝　活　動

市報や市営テレビ局などのマスコミは，民営企業の発展の重要性を積極的に宣伝していると同時に，民営企業の大きなイベントをも多く報道している．また，市内でパフォーマンスが特に優れている民営企業家に「青年創業者先鋒」や「創業スター」のような称号を与え，彼らの講演会を行う[29]．

②　創業基地の建設

市政府はすでに2007-10年の中小企業創業基地（インキュベーター）の建設計画を立てた．その計画の目的は，鎮江市の工業園（サイエンス・パーク）を土台に，新しい民営企業の創業・成長を支援する公共施設を充実させることによって，民営企業の発展を促進することである．

③ 教育・訓練

2006年に市政府は，創業を指導するための専門家バンクを作り，毎年民営企業のために1万人以上の業務研修を行っている．研修内容は，法律・法規，産業政策，財務知識，技術革新，品質管理，マーケティング，専門技術などである．また積極的に民営企業の上級管理者訓練のサポートを行ってきた．2005年に40名の民営企業経営者を清華大学へ研修に送った．2006年に28名の民営企業の上級管理者を江蘇省政府第2期民営企業管理者MBA教室，そして25名の重点民営企業の中・上級管理者をシンガポールへ経営管理の研修に送った．

④ 産学連携

毎年市内の企業から技術的難問および鎮江市の産業に関連する科学技術の研究成果を収集した上に，中国科学院，南京大学，東南大学などの研究機関や大学からさまざまな分野の専門家を要請し，産業別の企業と専門家との技術相談会を主催してきた．それによって，企業の技術的難問の早期的解決および科学技術の研究成果の産業化を促進している．

⑤ 行政サービスのアウトソーシング

民営企業の便宜をはかるために，いままでに政府によって行われた人材の登録・管理，融資担保の提供，企業間交流などのサービス業務を民間のサービス業企業にアウトソーシングした．現在，鎮江市ではそのようなサービスを行っている民営企業はすでに60社に達する．毎年市政府は，パフォーマンスが優れるそのような民営企業を1回奨励する．

⑥ 政府の誘導・融資の促進

鎮江市の市政府および区・県政府は自らの出資で重点産業への民営企業の投資を誘導する．その政府による出資金は，民営企業の投資に対して一種の資産担保の役割をも果たしている．また，市政府は市内の銀行などの金融機関にアクセスし，民営企業への融資を促進している．2006年に小企業への貸出残高は市内の金融機関の貸出残高の30％以上を占め，小企業の資金制約問題をかなり緩和した．

⑦　情報の提供・企業間交流の促進

市政府は，インターネットで民営企業 Web サイトを構築し，無料で民営企業に政府の政策やビジネスの情報を提供している．さらに鎮江市民営企業と国内外の企業との交流イベントを積極的にサポートしている．これまでにサポートしてきた企業間交流イベントには主に 2003 年から毎年青島市で行われる「APEC 中小企業技術の交流・展覧会」，広州で行われる「中国国際中小企業博覧会」，中国の「江蘇省とイタリアの経済貿易協力および交流会」などがある．今年の 9 月 15-18 日に広州で行われた「第 4 回中国中小企業博覧会および中日中小企業博覧会」へ鎮江市民営企業代表団を組織して参加させた．また，市政府は，市内で毎年決まったテーマで「鎮江企業家フォーラム」を行って，鎮江市でのブランド商品の宣伝や企業間の交流の活発化を図っている．

(4)　外資企業に対する政策と行政的サポート

江蘇省の南部（揚子江の南，昔から江南地域と呼ばれてきた）においては，上海市に近い蘇州市・無錫市などの都市と比べて，鎮江市の経済発展はかなり遅れており，外資企業が GDP において占めるシェアも比較的小さい．最近，市政府は経済発展を促進するために外資企業に対する優遇政策をとると同時に，行政的サービスの面でも積極的に支援している．

(1)　外資企業に対する優遇政策[30]

①　工業用地

江蘇省政府の『江蘇省工業用地譲渡最低価格基準』は，江蘇省の各種の土地の使用期間や各ランクの土地の最低価格を明示している．それによる各種の土地使用期間では，工業用地は 50 年，商業用地は 40 年，居住用地は 70 年となっている．鎮江市の土地は主に 6 等地，9 等地，10 等地，11 等地という 4 つのランクの土地に分類される．京口区・潤州区という 2 つの市内区の土地は 6 等地，最低価格が 336 元/m²，県クラスの丹陽市・揚中市の土地は 9 等地，最低価格が 204 元/m²，丹徒区・鎮江新区という 2 つの郊外区は

10等地，最低価格が168元/m²，鎮江市市内からもっとも遠い県クラスの句容市は11等地，最低価格が144元/m²となっている．各地方政府は，その基準をもとに，外資企業の投資プロジェクトの内容（期間・規模・業種など）によってその最低価格からさらに2〜4割の範囲でディスカウントする権限を持っている．

また，外資企業の下水道，道路，電力，蒸気，廃棄物，通信，工場などの用地に対して60元/m²という特別価格で提供する．工場の付近の工業用地を従業員用の社宅用地にする際にはその土地の市場価格から30％割引する．

② 行政管理費や関税など

外資企業に対する行政管理費の優遇政策は，投資プロジェクトの申請期・企業（工場など）の建設期・企業の運営期によって異なっている．それぞれの詳細は以下の表2〜4で示している．表2〜4で外資企業に対する投資の申請期・企業建設期・企業運営期の3つの段階における地方政府の行政管理費の基準および優遇政策を示している．そこでは，地方政府が外資企業に代わって行政管理費を払うことは，実際には行政管理費の全額免除と同じことになる．半減とは行政管理費を半分免除することである．外資企業の投資申請期・建設期・運営期の3つの段階における行政管理費は，合わせて33項

表2 投資プロジェクト申請期における行政管理費

	管理部門	項目	管理費基準	優遇政策
1	工商管理局	会社名批准	100元	政府が代わって払う
2	工商管理局	会社登記費	資本金が1,000万元以下である場合には0.08％，資本金が1,000万元超えた場合には0.04％で登記費をとる，登記費総額は4万4,000元を超えてはならない．	
3	技術監督局	管理カード	148元	政府が代わって払う
4	国税局・地税局[31]	税務登記費	25元	政府が代わって払う
5	税関	税関登記費	15元	政府が代わって払う

（出所）鎮江市価格情報網：http://www.zjprice.com/ygsf/ygsf.asp?page=5

目となっている．そのうち，11項目は全額免除，12項目は半減にされていることから，鎮江市政府の外資企業に対する優遇がかなり手厚いであろうと思われる．

このほかに，政府は，外資企業が海外から輸入してきた機械設備について，投資総額内の投資プロジェクトに使用した部分に対して関税および増値税を免除する．また，国産機械設備を購入した場合にはそれによる増値税を還付する．

表3　企業建設期における行政管理費

	管理部門	項　　目	管理費基準	優遇政策
1	工商管理局	ビジネス契約公証費	2％，上限3,000元	全額免除
2	企画局	企画技術サービス費	1元/m²	半減
3	企画局	都市建設資料利用費	毎年0.3元/m²	半減
4	財政局	都市建設調整費	105元/m²	政府が代わって払う
5	壁改造辦公室	新壁材料管理費	10元/m²	徴収した後に返す
6	人民防空辦公室	人民防空建設費	52元/m²	徴収した後に返す
7	国土資源局	土地登記費	表の注を参照	半減
8	建物管理局	非住宅所有権登記費	200～1,000元/一回	未定
9	建物管理局	シロアリ予防費	2.3元/m²	半減
10	建設局	工事品質監督費	建築工事費の1.7％	半減
11	建設局	施工図や防震設計の審査費	表の注(2)を参照	半減

（注）(1) 土地登記費：政府機関である場合には，1回の土地譲渡において登記費は10元である．民間の企業に1,000m²以下（1,000m²を含む）の土地を譲渡する場合には，一回の登記費は110元であるが，使用土地が1,000m²以上の場合には，500m²単位ずつで40元の登記費を追加していくが，登記費の上限は4万元である．都市住民の住宅用土地面積が100m²以内の場合には，一回の登記費は18元である．その他の土地登記費の詳細は鎮江市国土資源局の鎮江市価格情報網を参照．
(2) 施工図や防震設計の審査費：特級および1級の建築物，防震調整係数が1.3である場合には，審査費は1.4元/m²，2級の建築物，防震調整係数が1.2である場合には，審査費は1.3元/m²，3級の建築物，防震調整係数が1.1である場合には，審査費は1.2元/m²となっている．その他の施工図や防震設計の審査費の詳細は鎮江市国土資源局の鎮江市価格情報網を参照．

（出所）鎮江市価格情報網：http://www.zjprice.com/ygsf/ygsf.asp?page=5

表4　企業運営期における行政管理費

	管理部門	項　目	管理費基準	優遇政策
1	工商管理局	年度検査費	50元/一回	政府が代わって払う
2	港務管理局	港建設費	輸入品：7元/1トン 輸出品：5元/1トン	半減
3	港務管理局	貨物港務費	表の注(1)を参照	
4	水利局	地表水資源費	0.03元/m²	
5	水利局	河川堤防工事費	表の注(2)を参照	未定
6	環境保護局	大気汚染物排出費	1.2元/汚染当量	
7	環境保護局	汚水排出費	0.9元/汚染当量	
8	環境保護局	固体廃棄物及び危険物排出費	表の注(3)を参照	
9	環境保護局	騒音の排出費	表の注(4)を参照	
10	労働局	労働契約公証費	一回2元/1人	半減
11	労働局	書類保管費	月に15元/1人	半減
12	緑化委員会	緑化費	8元/1人	政府が代わって払う
13	緑化委員会	義務植樹調整費	年に5元/1人	政府が代わって払う
14	都市管理局	建築滓管理費	1元/1トン	半減
15	都市管理局	ゴミ処理費	月に3元/1人	半減
16	人材市場	書類保管費	月に20元/1人	半減
17	公安局	治安費	月に180-220/1人	政府が代わって払う

(注)　(1)貨物港務費：国内貿易においては，重さで計算する場合には0.8元/1t，件数で計算する場合には0.4元/1個で徴収される．国際基準の5トンのコンテナーの場合には3元/1個，非国際基準の5tのコンテナーの場合には2.6元/1個で徴収される．
(2)河川堤防工事費：建物を建てる，貨物などの一時放置などの場合には月に0.5元/m²，川と川岸を占用した場合には月に3元/m²，長江の岸を占用した場合には4元/m²で徴収される．
(3)固形廃棄物：①専門的な保管施設や処理施設がない場合，あるいは専門的な保管施設や処理施設が環境保全基準に適合しない場合（すなわち，浸透防止・飛散防止・流失防止の施設がない場合）において，工業固形廃棄物を排出した場合，一括して固形廃棄物の汚染排出費を徴収される．固形廃棄物1tあたりの排出費は，溶解滓が25元，石炭灰が30元，鉱滓が25元，石炭ボタが5元，尾鉱が15元，他の残渣（半固形や液体の廃棄物を含む）が25元である．②危険廃棄物とは，国の危険廃棄物目録に列記された廃棄物，および国の定めた危険廃棄物の識別基準と識別方式で認定された危険の性状を有する廃棄物を指す．埋立て方式による危険廃棄物の処分が国の関係規定に適合しない場合，危険廃棄物汚染排出費用の徴収基準は毎回1tあたり1,000元である．
(4)騒音の排出費：汚染排出者が環境騒音を産出し，国の定めた環境騒音排出基準を上回った場合，また他人の正常な生活・活動・学習に影響を及ぼした場合，基準超過のデシベル値にしたがって騒音基準超過汚染排出費用を徴収される．費用徴収基準は表5を参照．
(出所)　鎮江市価格情報網：http://www.zjprice.com/ygsf/ygsf.asp?page=5

表5 騒音排出費徴収基準

基準超過デシベル値	1	2	3	4	5	6	7	8
費用徴収基準（元/月）	350	440	550	700	880	1,100	1,400	1,760
基準超過デシベル値	9	10	11	12	13	14	15	16以上
費用徴収基準（元/月）	2,200	2,800	3,520	4,400	5,600	7,040	8,800	11,200

（注）(1) 1つの部門の境界に多数の騒音基準超過地点がある場合，最高の基準超過デシベルに従って騒音汚染排出費用徴収額を計算される．長さ100 m以上の境界線に2ヵ所以上の騒音基準超過地点がある場合，1倍加算した費用を徴収される．
(2) 1つの部門の異なる地点に幾つかの作業場がある場合，それぞれの費用を計算し，合計費用を徴収される．
(3) 昼と夜の環境騒音がいずれも基準を上回る場合，徴収金額はそれぞれ昼と夜の基準に従って計算して，合計費用を徴収される．
(4) 騒音源の1ヵ月間の基準超過騒音が15日間を超えない場合，騒音基準超過の汚染排出費用を半減して徴収される．
(5) 夜間頻繁突発と夜間偶然突発の基準超過騒音汚染排出費用は，等効音級およびピーク騒音の基準超過デシベル値の高い方に従って汚染排出費用を計算される．
(6) 同一施工部門が1つの工事現場において各段階の工事を同時に施工する場合，最高騒音限度値の施工段階に従って基準超過騒音の汚染排出費用を計算される．
(7) 当基準は1デシベルあたりを計算単位とし，1デシベル未満の部分は四捨五入の原則で計算される．
(8) 農民が自ら自宅を建設する場合は，基準超過騒音の汚染排出費用を徴収してはならない．

（出所）鎮江市価格情報網：http://www.zjprice.com/ygsf/ygsf.asp?page=5

(2) 外資企業の大投資プロジェクトに対する激励政策[32]

大投資プロジェクトとは，製造業では投資総額が1億ドルまたは登記資本金3,000万ドル以上，ハイテク産業または世界上位500位の大企業では投資総額が5,000万ドル以上，サービス産業では投資総額が5,000万ドル以上，農業（農産品加工を含む）では投資総額が1,000万ドル以上という投資プロジェクトである．ただし，それらの投資プロジェクトは国家産業政策および鎮江市の経済発展計画に符合したものでなければならない．それらの投資プロジェクトに対して市政府は特別な激励策を用意している．

① 市政府は毎年生産用地の計画では生産用地の30％を大投資プロジェクトのために用意しておく．大投資プロジェクトが批准されたときにその生産用地を優先的に提供する．

② 大投資プロジェクト企業に対する電力供給を優先的に保障する．電力

部門はそれらの企業のために二重電力回路を提供し，また第二電力回路の費用を割引する．

　③　金融の面でも大投資プロジェクト企業のために特別の配慮をする．現地で大投資プロジェクト企業が資金調達をする際に，現地の金融機関はシンジケートを組織し，それらの企業が必要な資金を保障する．それらの企業が海外の資本市場または金融市場で資金を調達し，調達した資金総額が1,500万米ドル以内，1,500～3,000万米ドル，3,000～5,000万米ドル，5,000万米ドルに達する場合には，市政府は，それぞれ20万元，30万元，40万元，50万元の人民元を奨励する．大投資プロジェクト企業が中国国内で資金調達をする場合にも市政府はそれと同様な奨励政策をとる．

　④　製品を海外に輸出する際の増値税を速やかに大投資プロジェクト企業に払い戻す．また，大投資プロジェクト企業の建設中，すべての行政管理費を優遇政策にしたがって徴収する．

(3)　外資企業に対するサポート[33]

　投資総額1,000万米ドルかつ実行した金額が500万米ドル以上に達する外資企業の鎮江市内駐在の責任者（代表取締役，CEOおよび他の責任者）に対して市政府は投資者優遇カードを配布し，以下の特別の待遇を提供する．

　①　行政手続き

　市政府は投資プロジェクトに必要な行政手続きのすべてを肩代わりする．行政手続きをする際に困ったことが発生する場合には直接に市政府の責任者に働きかけることができる．市政府の各部門はそれらの手続きを最優先に取り扱う．

　②　医療サービス

　市内の6軒の病院を外資企業の医療機関と指定する．投資者優遇カードの所有者に対して，年に1回の無料健康診断を行うと同時に，その他の予防医療サービスを提供する．また，投資者優遇カードの所有者が病院にいく場合には受け付け費を免除し，そして案内者をつけ，治療や入院などの手続きを優先的に扱う．

③　有料道路の優遇

投資者優遇カードの所有者の自家用乗用車に対して鎮江市が管理している有料道路管理処は道路使用料を免除する．また，投資者優遇カードの所有者は市内バスを無料で利用することができる．

④　観光地の優遇

投資者優遇カードの所有者は市内の観光地に無料で入場でき，また市内のホテルやレストランを利用する際にも割引を受けられる．

4．おわりに

1949-52年の経済回復期において，政府は，長期戦争によって破壊された国民経済を早期に回復するために，非公有企業の存在を認めたのみならず，さまざまの面で非公有企業の生産力の回復をサポートした．しかし，1952年に始まり1956年に完成した社会主義改造運動によって，1956年に私有企業は全滅した．その後1978年まで，非公有企業の経営は禁止されていた．1979年に政府は，都市の深刻な失業問題を解決するために非公有企業の経営を解禁した．これ以降，1988年まで非公有企業は紆余曲折を経て発展していたが，1989年の天安門事件以後，非公有企業は巻き返した保守派からの強い批判を受けて後退せざるをえなかった．

1992年に中国は，計画経済体制に戻るのかそれとも市場経済体制を目指すかという瀬戸際に辿り着いた．このような肝心なときに，表の政治舞台から引退したが中国政治になお大きな影響力を持つ中国改革の指導者である鄧小平は，乾坤一擲の大勝負として中国の南を回って「南巡講話」を発表した．その結果，1993年第8期全国人民代表大会で可決された『憲法改正案』によって中国で市場経済体制を構築することが確認され，中国経済体制は本質的な転換を行った．さらに1999年第9期全国人民代表大会で可決された『憲法改正案』によって，非公有企業が社会主義市場経済の重要な構成部分

であり，つまり公有企業と同様な法的地位を有することが認められた．また，2004年3月に第10期全国人民大会第2回会議で可決された『憲法改正案』によって，非公有企業に対する監督・管理は「人治」方式から「法治」方式に改められた．これによって非公有企業は順風満帆に発展してきた．2005年になって，中国のGDPにおいては，国内の自営業や民営企業などの私有企業のみの収益は50％，外資企業[34]の収益は15％，それらを合わせた非公有企業の収益はすでに65％のシェアを占めるようになった．したがって，それから少なくとも中国の経済体制はもはや社会主義ではないといえるであろう．

1978年から現在にいたる30年間の中国改革開放の過程を振り返ってみると，中国の非公有企業の復活・発展には，中央政府指導部の政策転換のみならず，地方政府のさまざまな優遇政策やサポートも重要な役割を果たしている．民営企業（自営業を含む）に対しては，地方政府は，市場参入・技術革新・土地使用などの面で激励政策を提供し，また民営企業の重要性の宣伝・創業基地の建設・民営企業の従業員に対する教育・産学連携などの面で積極的なサポートを行っている．外資企業に対しては，地方政府は，工業用地や行政管理費や関税などの優遇政策だけでなく，病気の治療・入院や観光などの生活の面で積極的にサポートしている．

2007年3月に第10期全国人民代表大会第5回会議で改正された『企業所得税法』は2008年1月1日から実施されている．そこから外資企業に対する特別優遇政策を止め，中国の民営企業と外資企業を公平に取り扱い始める．したがって，今後，中国の非公有企業，特にその中の民営企業は一層成長していくであろうと期待される．

第5章　改革開放以後の中国の非公有企業の復活と発展　117

1) 私有企業は，社会主義改造運動（私有企業などに対する公有化運動）が完成した1956年までに民族資本家（中国の国籍を保有する資本家）が所有した企業のことであり，1978年以後の民営企業と異なる．
2) 中華民国の時代に中国国民党や政府の高官らが直接に経営した私有企業である．
3) 中華民国の時代に民間の資本家が所有した企業である．
4) 陳乃醒（2005），楊雪野（1998）を参照．
5) 自営業は中国で個体工商戸と呼ばれ，個人または家族で営利的活動を行う経済組織である．
6) 中国では，一般に民営企業は，1978年以後，民間人が出資して創立した企業を指す．これに対して，株式制企業のほとんどは，元の国有企業から株式化された企業であり，それらの多くは，証券市場に上場し，一部の株式が公開されているのである．
7) 梁慧星（2004）を参照．
8) 文化大革命中の1968年に毛沢東の指示によって行われた，青少年の農村の徴農を進める運動のことである．それは，1977年までに都市部の青年層に対して，地方の農村で肉体労働を行うことを通じて思想改造をしながら，社会主義国家建設に貢献させることを目的とした思想政策として進められた．
9) 陳乃醒（2005）を参照．
10) それは，中国語で「進一歩做好城鎮就業工作」といい，1980年8月に中国共産党が全国に下達した正式な文書である．
11) 楊雪野（1998）を参照．
12) 陳乃醒（2005）を参照．
13) 「人治」は 共産党の幹部や政府の官僚が自分の思うままに企業などに対して監督・管理をすること，「法治」は法律にしたがって企業などに対して監督・管理をすることを指す．
14) 中国では外資企業は香港・マカオ・台湾および海外華僑の企業を含んでいる．
15) 中国で上海の略称を滬，南京の略称を寧という．上海市から南京市までの鉄道を滬寧線と呼ぶ．
16) 滬寧線の急行列車で上海に行くには一時間半を要する．
17) 中国の行政区画において，都市は，①中央直轄市，②省政府の所在地の都市（つまり省都），③地区クラスの都市，③県クラスの都市，市内区は①中央直轄市の市内区，②省都の市内区，③地区クラスの都市の市内区と格付けられている．そのうち，地区クラスの都市の市内区と県クラスの都市は同じ行政クラスにある．
18) 鎮江市政府編「鎮江概況」を参照．
19) 2007年9月7日専修大学経営研究所と鎮江市政府が主催する「民営企業座談会」における鎮江市経済貿易委員会副主任周毅氏の講演による．

118　第 2 部

20) この部分の内容は鎮江市政府の「民営企業激励政策」に基づいて整理したものである．
21) 増値税は，物品の売買，加工・修理役務に対して課税され，品目ごとに 17％，13％の 2 段階の税率があり，免税のものもあり，いわゆる付加価値税であり，納税時に受け取った増値税と支払った増値税の差額を納税する．これは，日本の消費税と同じである．
22) 国際特許出願（PCT 出願）は，特許協力条約（PCT：Patent Cooperation Treaty）にしたがって行う出願である．
23) 馳名とは名を馳せることである．
24) 国家免検製品とは，国の製品品質に関する法規に符合した場合には，国・省・市・県の各クラスの政府の製品品質監督検査部門からの検査を免除する製品である．
25) 営業税は，日本にはない税金であり，サービスの提供等に課税される．売上高に 3％から 20％までの税率を乗じた金額を納税する．原則として増値税のような仕入税額控除はないので，取引を重ねるごとに税額が増加していく．なお，免税になっているものを除き，取引ごとに増値税と営業税のいずれかが課税される．両方の税金が一度に課税されることはない．
26) 担保企業とは債務者に対する担保の提供をビジネスとする企業のことである．
27) ここでの専門職は主に会計士やエンジニアやエコノミストなどを指す．他の所有制企業は主に公有企業のことである．いままでの中国では，「会計師」，「副高級会計師」，「高級会計師」，「工程師」（エンジニア），「副高級工程師」，「高級工程師」，「経済師」（エコノミスト），「副高級経済師」，「高級経済師」などのような専門職は公有企業によって評定されたものが認められていたが，その政策によって民営企業が公有企業と同じ基準で評定した専門職が認められるようになる．
28) この部分の内容は 2007 年 9 月 7 日専修大学経営研究所と鎮江市政府が主催する「民営企業座談会」における鎮江市経済貿易委員会周毅副主任の講演に基づいたものである．
29) 2006 年に市政府はインターネットで創業コンテストを行った．
30) この部分の内容は鎮江市政府の「外商投資優遇政策」，2007 年 9 月 7 日専修大学経営研究所と鎮江市政府が主催する「民営企業座談会」における鎮江市経済貿易委員会周毅副主任の講演，鎮江市価格情報ネットの資料に基づいて整理したものである．
31) 中国の税務局は国税局と地方税局の 2 つの部門に分けられている．
32) この部分の内容は 2007 年 9 月 7 日専修大学経営研究所と鎮江市政府が主催する「民営企業座談会」における鎮江市国際投資中心程躍主任の講演に基づいたものである．
33) この部分の内容は 2007 年 9 月 7 日専修大学経営研究所と鎮江市政府が主催する「民営企業座談会」における鎮江市国際投資中心程躍主任の講演に基づいたも

のである．

34）中国では外資企業は香港・マカオ・台湾および海外華僑の企業を含んでいる．

参 考 文 献

陳乃醒（2005）「我国民営経済的発展歴程」『中国中小企業発展与予測（2004-2005)』第5章第2節，中国財政経済出版社．

沼尻勉（2003）「国有企業を上回った私営企業」『経済セミナー』2003年11月号，40-42頁．

梁慧星（2004）「憲法修正案対非公有制経済保護的規定」『中国法学網』http://www.iolaw.org.cn/search.asp

楊雪野（1998）「崛起的中国私営経済」『当代中国研究』第63号．

中国共産党中央統一戦線工作部「中国非公有制経済的発展歴史」http://www.zytzb.org.cn/fgyzjj/fgyzjj1.htm

中華全国工商業連合会編『中国民営経済発展報告（2005-2006)』社会科学文献出版社，2006年6月．

鎮江市政府編「鎮江概況」http://www.zhenjiang.cn/gb/zgzj/zjgb/tzzj/zjgk.html．

鎮江市政府の「民営経済激励政策」http://www.zhenjiang.cn/gb/zgzj/zjgb/．

鎮江市政府の「外商投資優恵政策」http://www.zhenjiang.cn/gb/zgzj/zjgb/．

1982年12月改正された『中華人民共和国憲法』．

1984年10月第12期中国共産党中央委員会第3回会議で可決された『経済体制改革に関する中国共産党中央委員会の決議』．

1984年10月第12期中国共産党中央委員会第3回会議の『経済体制改革に関する中国共産党中央委員会の決議』．

1988年4月改正された『中華人民共和国憲法』．

1993年3月改正された『中華人民共和国憲法』．

1999年3月改正された『中華人民共和国憲法』．

2004年3月改正された『中華人民共和国憲法』．

2007年3月改正された『企業所得税法』．

『PCT国際出願制度の概要』日本特許庁：
http://www.jpo.go.jp/seido/s_tokkyo/kokusai1.htm

鎮江市の「土地管理費基準」鎮江市価格情報網：
http://www.zjprice.com/ygsf/ygsf.asp?page=5

鎮江市の「施工図や防震設計の審査費」鎮江市価格情報網：
http://www.zjprice.com/ygsf/ygsf.asp?page=5

中華人民共和国国家環境保護総局などの発布『汚染排出費用徴収基準管理方法』，2003年2月28日に発布され，2003年7月1日に実施された．

第6章

転換期中国における若者の起業家精神

申　淑子

1. はじめに

　現在，アジア経済は転換期を迎えている．たとえば，中国は労働集約型から技術開発などの面におけるイノベーション型への転換の必要性に迫られている．また日本や韓国では伝統的な既存の大企業によって支配されていた産業構造を破壊して新しい構造を作り出すことが求められている．このような経済転換期において中心的な役割を果たすのが企業家（entrepreneur）であり，また各分野でイノベーションを行う起業家精神に溢れた人材の役割も欠かせない．このことから各国は企業家の輩出を重要な政策課題として取り組んでおり，若者の起業家精神の育成に一層の努力を払うようになった．

　起業家精神（entrepreneurship）の育成の問題はさまざまな視点から分析できる．本章は，構造と行為者の相互作用に関する分析に歴史的視点を加えて，若者の起業家精神の形成について考察するものである．

2. 起業家精神に関する既存研究

　企業家の役割や機能に着目した研究はJ. A. シュンペーターらに遡る．これらは企業家の持つ結合能力，創造的破壊力，不確実性への対応能力などに着目してきた．ドラッカー（1985）は起業家精神を，組織内部にかかわる原理と方法，そして，組織の外部，すなわち市場にかかわる「企業家戦略」の2つに大別されるとした上で，企業主，工場長などは必ずしも企業家とは限らないとして，その特性を明らかにした[1]．つまり，イノベーションという創造的な破壊を起こす企業家の革新性向が起業家精神であるとされる．

　シュンペーターは，また構造変革と企業家の役割に着目して，企業者の諸活動を経済発展現象の根本動因と捉え，イノベーションがもたらす構造変革のモデルを提示した．しかし，「シュンペーターの制度進化論では個人も組織も革新者として登場しており，その違いがはっきりしないために政府の役割に対する評価が難しくなっている．だから，シュンペーターの変革モデルでは中国の構造変革の分析が難しい」という見方もある（周，2000）[2]．

　中国における制度と起業家精神に関する研究には金融制度の改革に注目してきた張軍（2001）と産業集積の研究で知られている王緝慈（2001）がある．張軍は制度の視点から改革解放（制度改革）後に起業家精神溢れる企業家が多く生まれて来た現象に対する分析を行い，中国社会のイノベーションの源泉は制度の束縛をそれほど受けない民間にあるとする[3]．何十年にもわたる計画経済時代の硬直した制度がまだ中国社会のいろいろなところに残っているので，張のこのような主張にも一理ある．しかし，中国の制度はすでに大きく変化しており，改革開放以降の市場経済の導入とともに,経済体制や経済活動に柔軟性が増してきた．改革開放のスローガンとして有名な,いわゆる「白い猫でも黒い猫でも，鼠を取るのが良い猫だ」論はその典型例ということができるだろう.起業家精神は制度を回避して存在するわけではない．

王は，産業集積の形成と発展における企業家の役割に注目し，政府の役割はサイエンスパーク作りではなく，企業家が育ちやすい環境作りにあると指摘する[4]．両氏とも構造の行為者に与える影響に着眼点をおいているが，王の研究では制度は回避したほうがいいものとしてではなく，外部の環境として，それの行為者に及ぼす影響を十分に認めている．しかし，行為者は外部環境の影響を一方的に受けるのではなく，時には自分の力で外部の環境を変えていくのであり，それが起業家精神である．

　国際比較分析における個人特性論（行為者）と制度論の統合を試みた研究もある．この試みは，愛知大学中部地方産業研究所によって行われ，中日韓三国の大学生の起業家意識について「特性論」,「起業家観」,「制度論」の3つの側面からアンケート調査を行っている[5]．ただ，同研究の質問紙調査のフレームワークが3つの国の異なる背景に十分対応できていれば，より全面的な議論が可能ではなかったかと思われる．たとえば，具体的には，中国と日本は経済発展の段階が異なるという点などである．また，フォーマル制度の比較だけでなく，起業に大きな影響を与える社会の慣習，道徳規範といったインフォーマル制度の比較も入れるべきだった．というのは，制度的に起業家精神の育成に力を入れるか，また個人がリスクを冒してでもイノベーションを起こすかは，実は社会のこれらの行為に対する評価にも大きくかかわっており，決して無視できない要因だからである．

　このような問題点が明らかになったところで，本稿では，構造と行為者相互作用の視点と歴史的視点から若者の起業家精神の形成の究明を試みたい．

3．構造と行為者の相互作用に見る起業家精神の重要性

（1） 理論的な示唆

　社会学的制度主義（sociological institutionalism）では，制度の範囲にはフォーマルな規則，規範のほかに，社会的慣例や道徳規範といったインフ

ォーマル制度も含まれるとされる．同じく起業家精神の育成などを目指した制度にも，「起業家のための教育時期」といったフォーマル制度のほかに，「起業家精神の育成を促す社会慣習があるか」，「その行為に対する社会の評価はどうなのか」といったインフォーマル制度も含まれるということができる．つまり，起業家精神などの形成は，それらが社会的にどう評価されるかという問題とも密接な関係にあるのである．したがって，例えば常にイノベーティブであることがより報われるというような社会であれば，若者の起業家意識の形成にプラスの影響を与えるということができる．以上は制度の行為者に及ぼす影響である．

一方，理性選択制度主義（rational institutionalism）は，新制度経済学の取引費用の理論を援用して，経済人である行為者は自己利益の最大化のために戦略的な行為をとるとした上で，既存の制度を維持することにかかるコストと新しい制度を導入することにかかるコストの差が縮小すれば，行為者は新しい制度の導入に挑戦するとする．この主張に基づけば，現行制度の問題点に気づいた行為者は，新しいことに挑戦することによってもたらされる財・サービスや社会評価などに応じた形で制度への挑戦を試みるということになる．このような過去を破壊し未来を創造する実験は起業家精神を要する．以上は行為者の起業家精神の制度に及ぼす影響である．

(2) 実証的な示唆

この理論的な示唆を愛知大学中部地方産業研究所が行ったアンケート調査結果に当てはめて考察したい．表1は日本と中国の大学生の起業家適性を比較したものである．中国の学生のほうがより起業家適性を有するとみなされ

表1 大学生の起業意識の形成に関する調査結果

	起業家適性を有する	そうでない
日 本	12.8%	87.2%
中 国	37.0%	63.0%

（出所）アンケート調査のデータをもとに筆者作成．

第6章 転換期中国における若者の起業家精神　125

ていることがわかる．

　この調査結果が得られた背景には，どのような中日両国社会の違いがあるのだろうか．この問いについて，以下の2つの視点から分析を行いたい．

　まずは，制度が彼らに与える影響である．近年中国政府は大学入学者数を大幅に拡大しており，このことが卒業生の就職をさらに難しくしている[6]．このような状況の中で，政府は大学生の就職難の問題を緩和させようと起業支援策を打ち出し，一部の成功者からその効果が確認できた．このように政府は自身の目的達成（失業率を抑える）のために自ら制度の改革を行う．そして，中国では近年民営経済のGDPへの寄与度が著しく高くなり，その中心的な役割を果たした民営企業の企業家らに対する社会的評価も高まった．彼らは物質的な利得の獲得と同時に，リスクを払う勇気を持った実力者であるという自信と周囲からのそれに対する尊敬という精神的な満足感も得ることができたのである．また，温州のように周囲で起業する者が自分にとって模範とプレッシャーになるような地域社会では，当然ながら起業活動がより活発になるだろう．中国社会にリスクを冒してでも新しいことに挑戦することへの高い評価が存在し，それが経済構造に投影され，若者の起業家意識の育成にもプラスの影響を与えているということである．それに対して，日本の社会は変わることのリスクを恐れる傾向があり，社会全体が安定志向から挑戦志向へ切り替わるにはまだ時間を要するのではないかと思われる．日本の社会と比べて，中国社会のほうが起業家意識の育ちやすい人間の創造的営みがより活発に行われていることが，表1の結果が出た社会的背景ではなかろうか．

　次は，行為者の制度への働きかけについてである．行為者の制度への働きかけは，制度転換にかかるコストと現状を維持するコストの変動に反応する形で行われるということは上述のとおりである．つまり，前者が後者より著しく高くなると，そのことが起業家精神を促すことへの障害となりかねないのである．中国の場合，日本よりこの差が小さいために，新しい制度の導入に挑戦する原動力がより強いのではなかろうか．というのは，中国のほうが

物質的な利得が相対的に大きく，社会の評価も高い傾向にあるからである．つまり，中国社会のほうが起業家精神に満ちた行動を起こすのにかかるコストが低く，そのために表1のような結果が出たのではないだろうか．

以上，本節では制度と行為者はお互いに影響しあう関係にあるということ，そして，その相互作用の中で起業家精神の重要性を確認することができた．

4．歴史的視点：時代と起業家精神

起業家精神の形成に関する研究は，時代が行為者にどのような能力を持つことを求めているかという歴史的な視点からも考察が必要である．というのは，行為者の選択には自分の信念を守るために名と利を犠牲にする選択もある．取引費用の理論と社会学的視点に基づいた制度分析では，物質的な利得や名誉などに連動した形で行われる行為者の実験的な選択については大まかな解釈が可能であるが，信念を守ることによって得られる満足に連動した選択などについては不十分な説明しかできない．

ゲオルギー・プレハーノフ（Georgii Plekhanov）は個人の能力を時代の需要と関連付け，「ある才能を持つ者がその才能を生かして事物・事情の変化プロセスに重大な影響を及ぼすためには2つの条件が必要である．第1に，その人の持っている才能が別の人の才能よりも，もっとその時代の需要に合っていること．……第2に，その時代が求めている人，つまりその社会のためになる他と異なった特性を持っている人が能力を発揮することを，そのときの社会制度が阻害しないこと」と述べている[7]．

今日のような，社会がめまぐるしく変化し続ける時代では，過去を破壊し未来を創造する起業家精神を備えた人材に対する需要が高まる．特に今の中国には経済の成長段階に見られるチャンスの多さと競争の激しさといった不安定要素が多く，行為者の起業家精神は国の経済発展に貢献する．しかし，このような起業家精神が文化大革命の時代では求められず，逆に制度の迫害

を受けた．この歴史的事実が物語るように，その時代の需要に合う起業家精神でなければ社会の構造転換に影響を及ぼすことはできないのである．今の中国社会は起業家精神を求める傾向が強い．

また，起業家精神は時代の活力である．転換期にある中国では不確実性に挑戦して，変化をチャンスとすることに成功した事例が身近に多い．反対に変化に適応できない，挑戦を恐れる者はチャンスをつかむことができず，時代に取り残されるという苦しい状況に陥ることになる．古い制度を廃し新しい制度を打ち立てる時代は起業家精神を育てる揺籃として注目されるべきである．

5．おわりに

過去30年間，中国では大きな構造転換が行われ，市場経済の体制を受け入れる中で起業家精神の発露，特に若者の起業家精神が注目を浴びるようになった．本稿では中国社会の構造転換の特徴に注目しつつ，転換期中国における若者の起業家精神についてその形成要因の究明を試みた．

行為者の起業家精神に満ちた行動は，その行動がもたらしてくれる財・サービスや社会評価などに連動する形で促される．つまり，行為者と制度は対立関係にあるのではなく，相互作用の関係にあり，起業家精神の重要性はこの相互作用の中で一層明らかになる．そして，起業家精神は歴史と関係のない回避すべきものではない．本稿はまた歴史的な視点から，起業家精神はその時代が求めるものでなければならず，構造変革が活発に行われる時代は起業家精神を育てるという点を明らかにすることができた．

1) 本稿における企業家も，さまざまな分野で絶えずイノベーションを行う人のことを指すものであり，単なる「企業を起こす」という意味での「起業家」とは区別したい．
2) 周业安（2000）「中国制度变迁的演进论解析」（『经济研究』第5期），5頁，筆

者訳.
3) 张军（2001）『话说企业家精神，金融制度与制度创新』上海：上海人民出版社.
4) 王缉慈（2001）『创新的空间—企业集群与区域发展—』北京：北京大学出版社，122頁.
5) 愛知大学中部地方産業研究所・中国人民大学社会人口学院社会系編（2005）『流動化する東アジア労働市場における学生起業家などの諸問題に関する研究』豊橋：愛知大学中部地方産業研究所，259，280頁が詳しい.
6) より高い学歴を取得すれば，教師や公務員，会社員などの安定した職業につくための競争力が増すだろうという期待から大学院進学を目指す大卒が増加傾向にある．愛知大学中部地方産業研究所のアンケート調査（質問5-2）でも中国の大学生の大学院進学希望率は73％にも達していた．
7) 普列汉诺夫（1962）『普列汉诺夫哲学著作选集第二卷』北京：三联书店，336，337頁．筆者訳．

参考文献

シュムペーター（1993）『経済発展の理論（上・下）』塩野谷祐一・中山伊知郎・東畑精一訳,東京：岩波文庫．

P.F.ドラッカー（2002）『新訳　イノベーションと起業家精神―その原理と方法（上・下）』上田惇生訳，（ドラッカー選書）東京：ダイヤモンド社，71，103頁.

青木昌彦（2001）『比较制度分析』周黎安訳，上海：上海远东出版社．

中国人民大学劳动人事学院・中国大学生杂志社（2003）『全国大学生"我谈大学生就业与创业"征文大赛』北京：中国大学生杂志社．

第7章

在中国企業の雇用・人事制度の環境変化とその考察
―― 新労働契約法の視点から ――

周　煒

1. はじめに

衆議院調査局の調査レポートから見ると，中国の労働争議仲裁委員会が処理した労働争議件数は，2005年よりも2006年は増加率約42％と急増中である(図1)[1]．今まで労働争議の処理は，仲裁委員会への申請が必要であり，300元の手続き費用が発生していた．この費用は「労働争議調停仲裁法」が実施された2008年5月以降は無料化された．労働争議は労働報酬,社会保険,労働契約などに関するものであって，日系企業の労働争議の共通点でもある．労働者の権利意識の高まりにより，労働争議は今後ますます増加することが予想される．

現今，中国経済は世界と一体化しつつある中で，より複雑な経済構造となり，雇用面では労働移動が活発化している．農民工問題，専門職・技能工[2]の不足や大学生の就職難などは中国労働市場において大きな問題となっている．大学新卒者の就職率は約60％しかない．企業現場では，短期雇用の非正規労働者が増大し，一方正規労働者である技術者の不足と頻繁な労働移動は企業経営に大きな不安定要素をもたらした．都市部では，一部の企業による違法な労働契約の締結，労働契約の短期化，強制的な超過労働や劣悪な労

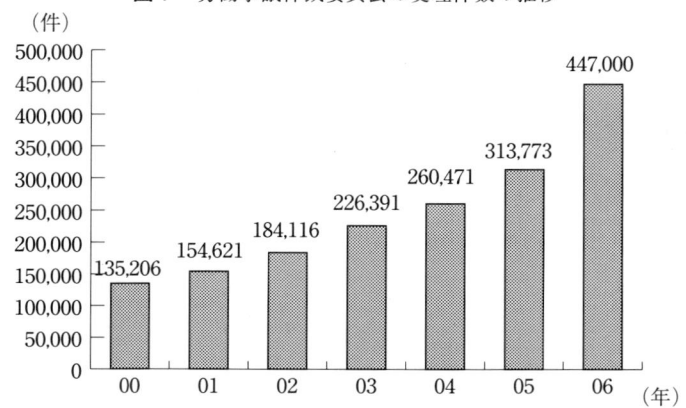

図1 労働争議仲裁委員会の受理件数の推移

年	件数
00	135,206
01	154,621
02	184,116
03	226,391
04	260,471
05	313,773
06	447,000

(出所)「中国における労働事情」『衆議院調査局・調査レポート』2008年4月, Vol.5, 12頁.

働環境はいずれも深刻な問題である．正常な昇給システムの未確立，給与支払いの遅延やピンハネなどにより社会的弱者層の利益を剥奪することが多発している．呉敬璉（2004）が指摘したように，中国移転期の経済的成功は，所得格差の拡大や既得権益階層による経済的に不公平な行為をもたらした．適切な市場コントロールと倫理性が欠けた社会となっていた．

以上の経緯を経て，2008年1月1日に，中国国民に大きな影響を与えた重要な法律・新労働契約法が誕生した．今回の本法は労働者の権利を強化し，或いは利益を向上させると共に，中国各地での最低賃金基準の断続的引き上げにより，中国の労働・人事環境は急速に変化しつつある．しかし，各企業は現実に対応していかざるを得ず，人事労務戦略において重要な課題になっている．今後，無固定期契約[3]の件数が増えることによって長期的視野の展望がさらに必要であるし，雇用・人事管理制度の強化が目前の課題である．労働紛争を起こさないための防止策も強く要求されている．

本稿は，新労働契約法の実施が与える広範な影響の強度を説明し，日系企業が直面する雇用環境の変化を考察した上で，新旧労働法のポイントと新法の適用の注意点を喚起したい．また，「中国製造」を支える弱者層の雇用労

働市場の特徴を概観する．新制度派経済学により雇用形態，人事制度デザインなどを説明し，労働・人事管理の現状と問題点を論じる．

2．新労働契約法の実施が与える影響

（1）　中国全域にわたる雇用制度による影響

2005年，中国政府の調査によると中小企業と非公有企業における労働契約の締結率は20％に達していない状況であった[4]．実際に中国では，労使双方間に雇用関係があるにもかかわらず，労働契約が締結されていない場合が多い．このように労働条件が不明確であることから労働者の権益が著しく侵害されるという事態が生じていた．新労働契約法は，実際の雇用関係があるにもかかわらず，書面による労働契約を締結していない場合，企業側に対して当該賃金の2倍相当の賃金を労働者に支払うという罰則が設けられている．新労働契約法の誕生により，企業側は高い雇用リスクを負うと同時に，社会福祉として「三金」や「五金」[5]に対応しなければならない．従って一気に上昇した人件コストに対応し切れない企業が続出した．

中国国家発展・改革委員会によると，2008年上半期に倒産した中国中小企業は，6万7,000社に達した．かつて中国民営企業のモデルであった温州民営企業6万社のうち，約20％の企業が倒産した[6]．景気の過熱防止などに対応して，中国当局が打出した引締め策と合わせ，ここにきて企業体力のない中小企業を直撃している形ともいえる．中国系中小企業はともかく，外資系企業にも大きなダメージをもたらした．

（2）　都市レベルから見る労働市場の変化

労働契約法ビッグバンと呼ばれるほど，中国企業の労働事情は急速に変わり，南から北にわたって，広範囲に影響が出始めている．各省・都市にまでその影響が広がったために，政府の援助政策から，企業自らの人事・労務政

策の変更まで，社会全体がその対応に迫られてきた．以下は，具体的な影響の一例として，南京市の状況を説明する．

南京市では，新労働契約法が実施された5ヶ月間，即ち2008年1月から5月にかけて，新たに契約された従業員数は12万6,500人に上り，一方契約関係を解約された従業員は9万7,988人であった．2007年1年間の解約従業員数30,732人に比べれば，3倍以上に増加したことになる[7]．解約の多くは，新労働契約法の適用を回避するためで，多くの従業員は長年会社に働き，有能な労働力であった．しかし，企業側は人的コストを削減するために，従業員の相当な不満を無視し，無固定期契約を避けることで社員を辞めさせざるを得なくなった．同時に，新労働契約法は，従業員の職業選択などの自由度をアップさせ，一定の技術を持つ人の転職が容易となった．一方企業が残って欲しくない人材をなかなか辞めさせられないことが企業の直面している現状でもある．大卒新入社員5人に，2年の社内人材育成・教育をし，エンジニアの資格まで取得した直後，全員転職されたケースもあった．以前は違約金の規制があったが，新労働契約法の登場でその規制が認められなくなって，企業に大きなダメージをもたらした．

同市に，新労働契約法が施行された後の5ヶ月間に，労働争議が急激に増え，労働争議機関に巨大な圧力がかかった．2008年1-5月に，労働争議件数は9,047件，前年度比131％増．労働保障監督機関が受理した苦情件数は3,319件，前年度比113％の増であった．目下，南京労働争議仲裁機構の専門職員は62人に過ぎず，1人当たり受理案件は106件でその重荷に耐えかねる状態に陥っている．開廷して審理されるケースは2009年度まで延ばされることもある．

労働者の権利を保護する立場から見ると，新労働契約法は一定の効果をもたらした．労使双方の取引契約の期間は明らかに伸び，会社側と労働者の間で契約された無固定期労働契約は全契約件数の17％に達し，契約3年以上は30％，1-3年は23％であり，1年間の契約は30％に過ぎなかった．かつての労働契約短期化問題はある程度緩和する傾向が見られる[8]．

(3) 日系企業が直面する影響の度合い

日本貿易振興機構のデータから示すように，2007年度日系企業の中国における営業利益については，調査回答企業の中で，「黒字」と回答した企業の割合は62.1％となり，2006年に比べ，4.9ポイント下げた．香港や台湾などの企業の8割以上に比べ低い状況となっている．また営業利益が「悪化」した理由について，労働市場が激しく変化する中国環境の中で「人件費の増加」と回答した企業が57.0％と最も多かった（表1）[9]．

さらに，在中国日系企業が大きく影響を受ける制度変更は，企業所得税の統一，労働契約法の施行および増値税還付率の引下げ，さらに人民元上昇などであった．その中で，新労働契約法の施行が最もマイナスが大きかったという企業は約8割になった．労働組合・五金・退職金への対応は，企業のコスト増加をもたらし，経営悪化が懸念される．

また，新労働契約法が地域別製造業に与える影響はすでに「大きなマイナス」が出る企業は25.1％，「若干のマイナス」が出る企業は54.2％となり，

表1 中国における日系企業で経営利益が改善又は悪化すると考える理由

（単位：％）

改善の理由の割合 回答社数 (2007年：n＝208社) (2008年見込み：n＝209社)	輸出拡大による売上増加	進出国(地域)市場での売上増加	価格上昇/値上げによる売上増加	価格下落/値下げによる売上増加	調達コストの削減	人件費の削減	その他支出の削減	生産効率の改善	高付加価値製品の製造開始/拡大	為替変動による売り上げ増加	その他
	38.8	47.4	18.4	3.3	24.3	5.3	21.7	34.2	30.9	5.3	4.6
	41.5	48.2	17.7	0.6	22.6	6.1	19.5	49.4	37.2	1.8	7.9

悪化の理由の割合 回答社数 (2007年：n＝184社) (2008年見込み：n＝81社)	輸出低迷による売上減少	進出国(地域)市場での売上減少	価格下落/値下げによる売上減少	価格上昇/値上げによる売上減少	調達コストの増加	人件費の増加	その他支出の増加	不十分な価格転嫁	税制(関税,国内諸税)の変更	為替変動による売上減少	その他
	22.0	10.0	23.0	2.0	55.0	57.0	31.0	14.0	38.0	36.0	19.0
	17.0	5.1	27.1	―	66.1	67.8	32.2	17.0	35.6	37.3	13.6

（出所）日本貿易振興機構『在アジア日系企業の経営実態』2008年4月，8頁より整理．

表2 労働契約法の施行が与える影響（製造業/地域別）

(単位：％．有効回答319社)

	大きなマイナス	若干のマイナス	影響なし	若干のプラス／大きなプラス
北京（n=41）	22	56.1	19.5	2.4
大連（n=42）	28.6	52.4	19.1	
青島（n=65）	29.2	52.3	18.5	
上海（n=48）	25	50	20.8	4.2
広州（n=123）	22.8	56.9	18.7	1.6
中国（n=319）	25.1	54.2	19.1	

（出所）日本貿易振興機構『在アジア日系企業の経営実態』2008年4月，8頁より整理．

表3 労働契約法の施行が与える影響（業種別）

(単位：％)

製造業 (有効回答319社)	大きなマイナス	若干のマイナス	影響なし	若干のプラス／大きなプラス
電気機械・電子機器（n = 29）	24.1	58.6	17.2	
一般機械（n = 23）	30.4	52.2	13.0	4.4
衣服・繊維製品（n = 30）	26.7	53.3	16.7	3.3
輸送用機器部品（n = 40）	15.0	60.0	20.0	2.5／2.5
化学品（n = 20）	5.0	50.0		45.0
製造業／非製造業 (有効回答96社)	大きなマイナス	若干のマイナス	影響なし	若干のプラス／大きなプラス
商社（n = 17）	5.9	58.8		35.3
運輸・倉庫・通信業（n = 17）	29.4	35.3	29.4	5.9
情報処理サービス／ソフトウェア事業(n = 13)	30.9	53.9		15.4

（出所）日本貿易振興機構『在アジア日系企業の経営実態』2008年4月，8頁より整理．

合わせて影響が出た企業の数は79.3％との結果であった．北京，大連，青島，上海，広州の都市格差はそれほど見られなかった．また，「影響なし」欄の理由として，労働力の定着率が低く10年勤続を待たずにやめるケースが多いとの指摘があった．そのほか，「若干のプラス・大きなプラス」の欄に，定着率を高めるインセンティブになるとの理由もあった．業種別・製造業から考察すると，「電気機械・電子機器」と「一般機械」の部分で，「大きなマイナス」と「若干のマイナス」を合わせ，82％以上を占め，「衣服・繊維製品」，「輸送用機器部品」と「化学品」の「大きなマイナス・若干のマイナス」は，それぞれ80％，75％，55％になり，いずれも過半数を超えて影響の度合いが高い．

他のデータによると，非製造業は製造業に比較すると影響が少ない．「大きなマイナス・若干のマイナス」の合計は63.8％となる．その要因は非製造業の多くは1990年代後半から2000年にかけて進出し，また勤続10年以上に満たないケースが多く，従業員との契約をすぐに更新しないことが企業の現状と考えられる[10]．

3．新労働契約法の変更と中国の労働事情

（1）　中国雇用制度の変遷

かつて，長い計画経済の時代に，固定工制（いわゆる終身雇用）が実施されていた．改革開放以降に，国有企業は雇用改革を図った結果，徐々に固定工制から労働契約制に移行していった．そのため，労働契約期間の短期化，労働者のリストラを推進する側面があったと言われた．1994年に労働法が制定され，労働契約を締結することが義務付けられた．ただしその時点の雇用慣行は短期の有期労働契約を繰り返すとのことであった．しかし，① 経営の文化的規範が整備されていないことで，機会主義により企業側の労働契約不履行現象が多発し，書面による労働契約の締結率が低いという状況があ

った．労働条件の不明確によりトラブルになるケースが数多く発生した．②企業側は，景気に連動して随意に労働者の増員・削減が簡単にできた．③最低賃金より低い賃金しか支払われないケースが見られる．賃金未払いまで至る悪徳経営者もいた．④劣悪な労働環境や長時間残業のために労働者の健康が侵害されたケースもあった．

以上に指摘したように，中国社会全体の労働者の権利意識が高まりつつある中で，労働関係争議が年々増加していて，前述したように，2006年には44万7,000件に達していた．かかる原因を背景として，2008年1月1日の新労働契約法が人民大会の審議を経て施行された．

(2) 新・旧労働契約法の比較

従来，労使双方は労働関係の事実とその内容が異なる場合において，双方は協議で一致させていたが，新労働契約法の登場で，遅くとも1ヶ月以内の書面契約が義務化された．旧法では使用期間は当事者双方により約定できた．6ヶ月，6ヶ月以上〜1年未満，1年〜3年未満，3年以上の4つのパターンであったが，新法では，期間設定が今回の最重要ポイントであり，要は3ヶ月未満，3ヶ月〜1年未満，1年〜3年未満と3年以上の固定期間，プラス今回各企業に影響が大きい無固定期限契約となった．具体的な特徴として，表4に詳しく記載した．

ここに，新法の注意すべき点は，①労働契約締結の促進に関して，労働契約書の締結を怠った場合，従業員に2倍の賃金を支払う義務，②契約期間満了で雇用を継続しない場合にも経済補償金の支払いが必要処置という規定強化となった．③20人以上もしくは従業員全体の10％を超える人員の労働契約を解除する場合，契約解除に工会（労働組合）30日前までに工会或いは従業員全員に状況を説明し，意見聴取することとなった．④工会が雇用者集団契約を結ぶ権利があることを条文に明記した．集団契約が締結されておらず，労働者が損害を被った場合，企業が責任を負う．

また，無固定期限労働に関して，注意を払うべきことは，①労働者が当該

表4　新・旧労働契約法の対照

主な項目	旧労働法	新労働契約法
労働契約	①労働関係事実と内容に判断が異なる場合，双方平等協議で一致．②一致できなければ，労働仲裁にて具体的な事実判断	①遅くとも1ヶ月以内の書面契約の義務化．②無期限契約を奨励する条項の追加
試用期間	①当事者が約定できる．②6ヶ月未満：試用期間を設けない．③6ヶ月〜1年未満：1ヶ月以内．④1年〜3年未満：3ヶ月以内．⑤3年〜：6ヶ月以内	①3ヶ月未満：約定してはならない．②3ヶ月〜1年未満：1ヶ月以内．③1年〜3年未満：2ヶ月以内．④3年以上の固定期間の契約又は無固定期限契約：6ヶ月以内
競業避止義務[11]	①3年を超えない．②補償金：契約終止前12ヶ月給料の20〜30％	①2年を超えない．②補償金：最低金額言及無し（細則・地方条例等の動向に注意）
労働契約終止時の経済補償金	①契約満了時：支給なし．②12ヶ月分を越えない．③連帯責任	①期限契約満了時：支給あり．②企業自体の理由（破産等）による雇用契約終了時：支給あり．③勤続1年につき1ヶ月分．④12ヶ月分を越えない
労務派遣		労務派遣会社と派遣社員の間に2年間の雇用契約締結

（出所）東京海上日動リスクコンサルティング「変わる中国の労働契約」『TRC EYE』2008年2月，Vol.166，3頁．

　雇用側において満10年以上連続して勤務している場合，或いは期間の定めのある労働契約を連続して2回締結し，さらに3回目からの労働契約を更新する場合，原則として，無固定期間労働契約を締結しなければならない．②無固定期間の雇用契約が義務化されることによって，採用時一層人材を厳選し，評価の精度を上げないと，やる気のない従業員が社内に滞留してしまうおそれがある．

　新法は，企業側に対して雇用リスクが増加，厳しい規制が設けられ，契約に違反する場合の罰則や罰金が明文化された．また，日本の労働契約法に比べると厳格なことが多い．

　新労働契約法は，8章98条で構成され，労使双方の権利義務を明確にし，調和のとれた安定的労働関係の構築及び発展を目的とし（第1条），公務員

を除くすべての労働関係に適用される（第2条及び第96条）．新法で確認すべきの最重要ポイントとして，① 労働関係を確立する場合，書面により労働契約を締結しなければならない（第10条）．② 使用者は，労働者の雇用の日から1ヶ月を超え1年未満に書面による労働契約を締結しない場合，労働者に対して毎月2倍の賃金を支払わなければならない（第14条）．③ 試用期間中の賃金は，労働契約の賃金の80％を下回ってはならず，かつ最低賃金を下回ってはならない（第21条）．

かつて，社会的サービスを行う民間の非営利組織では，契約主体が労働争議を行った際に旧労働法がカバーしない範囲のために，仲裁が受付けられないことになっていた．たとえば，民間学校，病院，文芸団体，スタジアム，職業訓練センター，社会的弱者施設，人材交流センターなどである．しかし，新労働契約法ではこれらの事業に対して，労働組織としてカバーし，適用されるようになった．働く人々は労働争議があった場合，仲裁を受付けられることとなった．

(3) 新労働契約法による雇用形態の比較

新労働契約法が施行された後，企業が最大利潤の獲得と労働力コストを削減するために，合理的な雇用形態を考えなければならなくなった．以下，表5に示すように，雇用形態に関する重要ポイントを取り上げる．

今後，雇用の長期化と安定化のために改正した新労働契約法の特典を考えると，以下の対応策がある．① 短期的労働派遣を活用．一定の見極めを行った後に正社員への登用は検討すべきである．② 長期的に雇用関係を形成しうるに足る労働者であるか否かを見極めるために，試用期間を有効に活用すべきである．

ここに，いくつかの雇用形態の中で，無固定期間労働契約の回避手段として，労働派遣が重要と考えられる．労働派遣のメリットとデメリットは，基本的には日本におけるものと同様である．その他に回避手段として，非全日制労働者の雇用形態も雇用リスクを削減する際に，有効に活用できる．いつ

表5　新労働法による雇用形態の比較

試用期間	集団契約	労務派遣	非全日制労働者	無固定期間契約
各都市・省によりさらに詳細な規定がある 雇用単位による一方的解除の際,労働組合の事前の関与が必要 違法した場合の罰則として要確認	原則は企業側と労働組合の間の締結が主体になるが,労働組合が設立されていない企業側については,労働者の推薦する代表が当事者となる	今後広く用いられることが予想される．労務派遣のメリット・デメリットについては,基本的に日本におけるものと同様である． 無固定期間労働契約法の回避手段として活用される	同一の企業に,1日の業務は4時間以内,週の業務時間累計24時間以内．時間による報酬拘束力低い労働関係	同一企業で10年以上継続勤務した場合,もしくは同一企業で2回の契約更新を行った場合,3回目の契約更新時には無固定労働契約を結ぶ権利を取得（従来は10年継続勤務の条項のみ）
日本の試用期間に相当	日本における労働協約に類似する制度	日本の労働派遣に相当	日本のパートタイムに相当	日本の終身雇用制度に相当
労使双方に理解する機会を与える	労使双方に対して拘束力を有する	臨時的,補助的または代替的	弾力性,融通性の利く形	労務リスクが上がる安定性が優勢である

(出所) 筆者が『中国労働契約法の実務』(2008年2月25日) より整理・作成．

でも労使関係を終了させることができて，経済補償金の支払いが不要という視点から考えると，企業側にはメリットと思われるが，時間的な制限があるため，例えば，ライン生産量に対応し切れないケースも発生する．また，無固定期間契約では雇用人件費のリスクは増加するが，「企業への忠誠心」と「高い定着率」などから見ると，長期的な事業運営に対して有利になる．

(4) 労働者資格に対する範囲の要注意点

　新労働契約法は，労働者主体に対する社会属性を定めた．即ち労働者の法定年齢は16歳以上，養老年金の受給以前，且つ民事権を有する自然人のことを指す．労働者の特殊性を知ることで，現実の労働者は契約関係主体の資格があるかどうかを判断できる．事例①——某B社が，年金生活を送っている退職技術者のFと契約した．その後解約した．Fは不満があって，B社に

賠償金の支払いを求めた．B社で書面には契約したが単なる形式的なもので，実際には労務関係しかなく，賠償金は支払わないと反駁した．このケースは，新労働契約法では，退職して年金を貰う人は，労働契約（書）にサインする資格が欠けるため，労働契約を締結しても契約が成立しない．この点は，特に注意を払うべきである．

ここで，もう一つの労働関係の主体資格に関する労務採用の違反例が参考になる．事例②——某若い甲さんはA社に品質モニタリングのポジションで招聘されたが，会社側は労務マニュアルと社会保険移動ノート（転職する際に必要）の書類をすぐに要求しなかったままに出勤させた．しかし，甲さんは元々同じ市内のC社で働き，同じ職種であった．半年前に，C社と3年間の労働契約を締結していた．甲さんはC社の賃金に満足しないため転職の意思をかため人的資源管理係に解約したいと口頭で申し出たが，会社側に反対された．その翌日彼は即座にA社で働き始め，しかもA社と3年の労働契約を結んだ．このケースを踏まえ，中国の新労働契約法第91条に，「雇用単位が，他の雇用単位と労働契約を解除しておらず，又は終了していない労働者を募集・採用し，他の雇用単位に損害をもたらした場合には，連帯賠償責任を負わなければならない」と明記された．本案のA社が，C社と契約関係を解約していない甲さんと労働契約を締結した．しかもC社の生産に不利な影響をもたらして経済的損失を発生させた．よって，法規により甲さんはC社に同等な賠償金を支払うべきであり，A社もC社に連帯責任のため賠償金を負担することとなる．

(5) 最低賃金による人件費の上昇

最低賃金規定は2004年に制定され，全ての市・省ごとにさらに細分化され，しかも2年ごとに少なくとも1回の最低賃金調整をすべく規定された．インフレによる物価の上昇にもかかわらず，最低賃金の調整が続いている状況である．企業にとって人件費の上昇が大きな負担となっている．一番高い上海市の賃金では最低賃金が，2006年の750元から2008年の960元へと

表6 北京市と上海市の最低賃金（月額）

	北　　京		上　　海		
	2006年7月	2007年7月	2006年9月	2007年9月	2008年4月
最低賃金	640元 (9,600円)	730元 (1万950円)	750元 (1万1,250円)	840元 (1万2,600円)	960元 (1万4,400円)

（出所）「中国における労働事情」『衆議院調査局・調査レポート』2008年4月, Vol.5, 10頁.

12.8％も上昇した（表6）[12]．

(6) 中国の厳しい労働階層の市場特徴

　日本製品が高い品質を守れるのは，資質の高い労働人口に負うところが大きい．アメリカでも主要産業を除いて，全ての産業で高品質を守ることはできていない．その理由としては，日本ほど人材が均質化されていないことによる．この点，中国では，日本との差はさらに広がっている（徐方啓2006）．

　中国労働市場の人的資源の現状について，特に均質化されていない，労働人口の多数を占め，職業の安定性に欠け，労働紛争を起こしやすい三つの雇用階層について述べておく必要があると考えられる．新労働契約法は，社会的に弱い階層を保護する立場から改定され，今後は彼らの雇用に対して徐々に良い方向へ改善することが予測される．ここに，高技能人材（技能工），大学卒業生（エリート層以外）と農民工問題の観点から中国労働市場現時点の普遍的な現象を分析する．以下に述べるいくつかの特徴と課題が見られる．

　① 中国の高技能人材の数は現状において大変少ない．供給と需要の構造的矛盾になっている．人材の業種分布と地域分布が何れも不均衡である一方，その素質を高めることが要求されている．それが企業の競争力を高める或いは「中国製造」から「中国創造」へシフトするための直接要因となる．その他，近年，急速に増加した技師は，主に第二次産業の専門領域が求める人材ではなく，これらの知識技能型人材が社会生産力，産業競争力とは直接かかわりがないことになる．② 多数の高技能人材の賃金は中間管理職・高級管

理職に比べ格段に低く，しかも，中・高級技術スタッフより低い．そのレベルは彼らの技能の発揮と貢献に対してインセンティブが弱い．同様に，基本的社会保険の待遇まで低められ，彼らの退職後の生活水準にまで影響を与え，仕事上の技術・技能をさらに向上させることが阻まれる．したがって，この種の人材は職業持続性に欠け，相対的に転職者が多くなる．③ 中国社会経済の三元構造，すなわち都市的正規部門，都市的非正規部門と農村．大学卒業生の就職難問題の根本的な原因の１つは都市的非正規部門が大学生に吸引力のある職場を提供できないことにある．２つには三元構造による高等教育の効能に異質化現象が現われ，身分を変える効能を発生させている．ここで，高等教育の身分を変える効能を発生させることが指すのは，１人の農村青年が高等教育を受けることによって，自らの農村身分を変えるチャンスを与えられ，都市・鎮居民の戸籍を得ることができるようになり，さらに正規部門の労働者になれるということである．或いは，非正規部門から正規部門に就職できることもある．④ 多くの農村青年が大学を選択することで，社会全体で高等技能学校の生徒の比率が少なすぎ，大学卒業生の比率が多く，それらの供給構造と社会の需要構造がマッチングしないことにより就職難の度合いが増大する．「売手市場」から「買手市場」に移り，「卒業」した後すぐ「失業」となるケースが多くなっている．⑤ 農民工は１つの階層にまで成長し，その職業の主な特徴は非正規従業員である．農民工の身分や社会保障体系は根本的に体制と制度に大きな影響力を及ぼす．⑥ 真に農民工問題を解決することは，単に同情の目で視ることと保護に留まるだけではなく，各級レベルの行政と企業が農民工の権益を守ることと，都市の中で農民工にベネフィットを与えるサービスの必要性が迫られている．その中で，農民工に提供する職業育成訓練と新労働契約法が重要となる[13]．

4．雇用形態・人事制度から見る企業管理

(1) 取引費用経済学による雇用契約関係

　ウィリアムソン（1985）が労働契約の諸形態を分析した際，人的資産の特殊性の度合いと特定のタスクとの組み合わせによる取引の効率性を最大化する理論が，労働契約の問題を扱う重要なポイントになると述べている．つまり，労働契約の最適継続期間と労働契約の完備性の程度を扱うアプローチである．

　中国の雇用契約条件を実際に考える時，自社のいくつかの特定のタスクに合わせて，可能な雇用パターンを考えなければならない．労働契約の最適継続期間に関して，短期契約と長期契約はそれぞれのメリットとデメリットを持つ．長期契約（契約社員，無固定期限労働契約）は頻繁な交渉コストがさけられるが，柔軟性に欠ける．厳格な社内ルールやルーティンの遂行にはプラスになるが，組織又は環境の変化に対する人的資産の適応性は低く，人的コストは高いものになる．一方，短期契約（臨時工・非全日制労働者，短期契約，派遣社員）の場合，再交渉コストが常に生ずる．会社と従業員双方に高い取引費用と不確実性をもたらす．その結果，従業員の「忠誠心」とそれに関連するインセンティブは生じにくいが，人的資源としての柔軟性を与える．この場合，労働契約の長期或いは短期契約の選択肢はトレード・オフになることもある．労働契約の完備性の程度の問題は，人的資産の特殊性の程度が高ければ高いほど，契約に特定された標準を超えるためのインセンティブとして働く協力を考慮するために，契約は不完備契約となる．両契約当事者双方が紛争に至らないように，協力と信頼関係ができるコミットメントが求められる．特に高い特殊人的資産を持つ労使関係に有利になる．

　人的特殊資産への投資について述べる図2は，取引費用理論により，その投資度合いに関する垂直統合の度合いを設計するためのものである．人的資

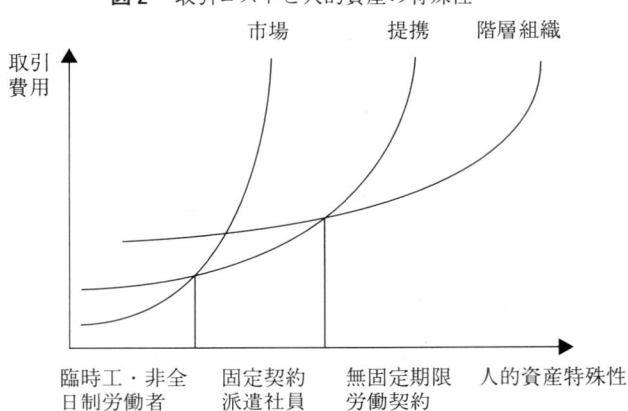

図2　取引コストと人的資産の特殊性

縦軸：取引費用
横軸：人的資産特殊性

曲線：市場、提携、階層組織

横軸区分：臨時工・非全日制労働者／固定契約派遣社員／無固定期限労働契約

(出所) アーノルド・ピコー，ヘルムート・ディートル，エゴン・フランク著，丹沢安治ほか共訳『新制度派経済学による組織入門：市場・組織・組織間関係へのアプローチ』2007年5月16日，71頁．

産の特殊性が低い臨時工・非全日制労働者は，それをめぐる市場取引コストは低い．人的資産の特殊性が高い場合には，組織に統合することによって取引費用が優れている．その際，無固定期限労働契約を結ぶ．また，中程度の特殊資産へ投資する場合取引費用が一番低い．

(2) コミットメント関係の構築

企業と労働者双方が最大利潤を追求し，相互協力を促す社会的文化規範があることこそ，相手を裏切ることがなく，お互い利益を確保することが可能となる．ウィリアムソン (1980) によると，人間は合理性が限定されているばかりではなく，しばしば機会主義的なことを行う．自分自身の利益のために，状況により悪用されることがある．そのとき，法制度の規範は双方の行為を制約し，コミットメント関係が構築される．安定した長期的な，そして将来の継続性が保証されているコミットメント関係は内部において，不確実性を減少させる効果をもたらして，取引コストを削減することが可能となる．

また，鈴木竜太 (2002) によると，日本企業に勤める日本人従業員の組

織コミットメントは，欧米に比べて強いものと示された．それが強いのは，国民性や心理特性ではなく，採用している雇用・経営制度にその要因があると結論した．これらの組織コミットメントの強化経験が，中国の日系企業で生かされ，より優れた日本的雇用システムの能力を発揮すべきと考えられる．現段階では，この種の研究はまだ少ない．

(3) 日系企業の人事制度とその課題

人材に関する経営諸問題について白木（2006）が，四つの特徴を指摘している．① 日本の派遣管理職・社員と現地スタッフとの意思疎通問題，② 採用難や現地優秀人材の不足，③ 経営理念浸透の不徹底，④ 本社と現地子会社間の意思疎通問題が大きな課題となっている．また，日系企業が中国において，労務・人事管理上で一番指摘された難点は，中国人の価値観への認識不足と企業への帰属意識が低いことである．中国人の価値観の構造を考察した上での，中国人のスタッフの行動様式の研究が今後ますます重要になると見られる．鈴木滋（2004）によると，図3に示したように，中国人の基本的心理特徴を提示されており，欧米と少し違うパターンの「個人主義」がメインの行動様式となり，言い変えれば「個人の利益優先・自己主張」を含

図3　中国人の価値観の構造

（出所）鈴木滋（2004）『中国ビジネスのむずかしさ・おもしろさ』2004年10月15日，142頁．

意する．その他，協調性のなさ，「報連相」をしない，能力・実力主義，学歴主義，家族主義・関係（guanxi），専門職志向などが，中国人の行動様式を支える要因であり，「トップダウンの意思決定」「転職志向の強さ」「情報独占」などの社会的な行動が見られる．「他責」とは個人責任を他人に転嫁する意味で，一種の言い訳である．筆者は，これら中国人の行動様式に関して，人類社会学の視点で考察して，次の4つの基本的観点から，それらを成す影響要因を纏める．すなわち，① 中華文明の歴史的伝統，② 文化大革命の後遺症，③ 社会主義と資本主義の混合（矛盾と調和），④ 儒・釈・道の三元一体制，である．

今回の新労働契約法は，廉価な労働力のみに頼ってきた従来型の中国企業経営が終わりを迎えつつあることが明確になり，長期的な視野で人材育成に取り組み，組織力の内部蓄積を増すことが時代の要請となってきた．したがって，これからの労働・人事規則制度等を明確にし，今後のトラブル回避の方策を準備しておくべきである．労働報酬，労働時間，有給休暇，労働衛生・安全，保険福利，「五金」対応，従業員の養成・訓練，労働規律およびノルマ管理など企業就業規則を具体化すべきである．自社の人事戦略と会社の現状に合わせて，より精緻な労働規則の制定が迫られる．

ここに，鈴木康司（2005）が人事制度を改定する際に，検討すべき点は，① 人事制度を改定するレベル・程度，② 職種別を志向するか，全社共通のマネジメントを維持していくべきか，③ どこを統合させどこを分散させるべきか，の三点がポイントと指摘した．人事制度は，事業運営と一体となった制度の設計に不可欠な要素である．2008年の新労働契約法に対応し，各企業の人事制度の見直しは最重要な課題となっている．

図4は，横軸には資格制度，報酬制度，評価制度の3つを提示し，縦軸は統合と分離の度合いを表わす．昇格を繋ぐ資格制度は人事制度の根本的なものであり，多数の企業で使われている．基本給与は，資格にリンクした形で金額設定することが一般的で，全社共通の基準が多い．手当てに関しては，設計面の自由度が高いため，基本給与より分散の度合いが高い．賞与インセ

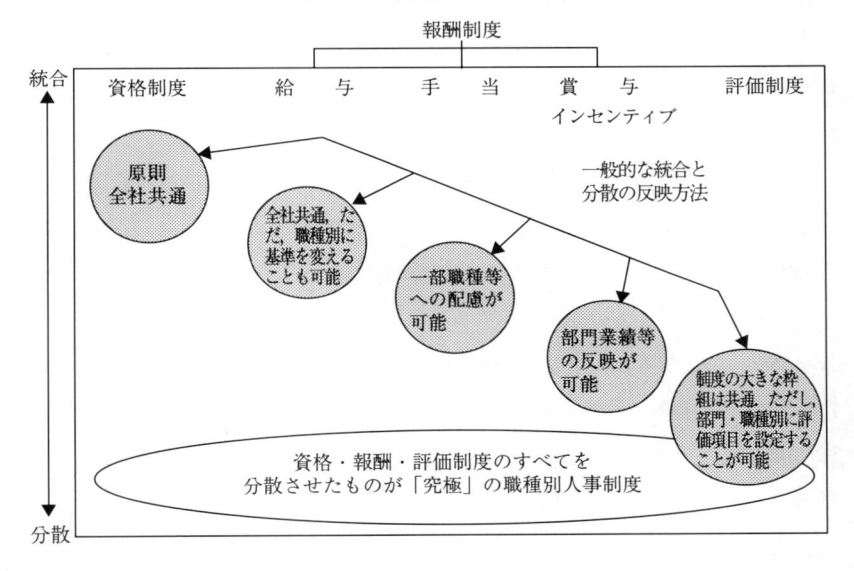

第7章 在中国企業の雇用・人事制度の環境変化とその考察 147

図4 人事制度の統合と分散

統合 ↑

| 資格制度 | 給　与 | 手　当 | 賞　与 インセンティブ | 評価制度 |

報酬制度

- 原則 全社共通
- 全社共通，ただし，職種別に基準を変えることも可能
- 一部職種等への配慮が可能
- 部門業績等の反映が可能
- 制度の大きな枠組は共通，ただし，部門・職種別に評価項目を設定することが可能

一般的な統合と分散の反映方法

資格・報酬・評価制度のすべてを分散させたものが「究極」の職種別人事制度

↓ 分散

（出所）鈴木康司（2005）『中国・アジア進出企業のための人材マネジメント』2005年8月23日，175頁.

ンティブはさらに分散が可能である．日本では，事業部業績に応じて賞与の基準を設定している企業が増えていって，分散の度合いがかなり高いが，中国の日系企業では，事業部業績を反映させている企業はまだ少ないといえる．日本本社に比較すると統合の度合いが高いのが一般的である．決して分散させたほうがよいとは限らないが，業種ごとに，または各社の人事戦略と人事制度の目的によって，うまく調整することで，全社員の能力を最大限発揮させることが可能となる（鈴木2005）．

評価制度について，中国の多くの日系企業では規律意識，責任感，主体性，業務の量と質などを取り上げ，日本の古い評価制度を転用させている．オペレーター系には適用できるが，プロフェッショナル系はなかなか十分に対応できるとは言い切れないことになる（鈴木2005）．

(4) 事例から見る研修制度に関する約定

新労働契約法第22条に,「雇用単位は,労働者に特定の訓練費用を提供し,これに専門技術訓練を受けさせる場合,当該労働者と契約を締結し,服務期間を約定することができる.労働者は,服務期間の約定に違反した場合,約定に従い使用者に対して違約金を支払わなければならない」と規定された.日系企業は常に有能な従業員に対して,研修制度などを設けている.日本の労働契約法では,離職制限に係る違約金の法定はないため,中国のほうが厳しい法制の傾向と見られる.

事例③ 中国の某日系企業子会社D社が従業員王さんと2007年1月10日に合意の上「労働契約書」にサインし,期間は1年とした.そのなかで,研修に関しては「労働契約書」の補助書類として入っており,「労働契約書」と同等な法律効力を持っていた.2008年1月8日に,D社が王さんと「出国研修協議書」を交し,日本本社で研修させた.研修期限は2008年1月20日から2008年4月20日までであった.協議には服務期間と違約賠償方式の約定がされていた.2008年4月20日過ぎ,D社は自社都合で王さんの日本研修を2008年6月20日まで延長させた.しかし,王さんは暫く経って,会社に無断で去ってしまった.そのため,D社は労働争議仲裁を申請し,2008年1月20日から2008年6月20日の在日本研修費用の賠償金を王さんに要求した.王さんは新労働契約法に従って賠償金を支払う責任は当然ある.しかし,4月20日以降6月20日までの研修費用は,D社が事前に適宜に「研修期間追加協議」を交していなかったため,いわゆる書面には明記されないことで,根拠がないこととして法律上支持できないこととなった.研修制度に関する契約に際しては,周到な事前協議が必要となる.

5. おわりに

以上,新労働契約法の登場により,大きな影響を与えると共に,実際企業

が直面している中国の労働市場の特徴と今後企業雇用・人事制度を設計する際に重要である点を明らかにした．新・旧両法の比較から新労働契約法の対応・回避策まで述べ，問題点を指摘した．

新労働契約法が成立する直前や今に至って，また，激しい対立する意見が社会全域に見られる．企業と労働者の双方の利益を保護するか，労働者の利益を中心に保護するかがその対立の論点であった．新法による中小企業の倒産の原因として，それに対する社会各界の反発意見も少なくない．また，相対的に順法意識の高い外資系企業の関係者から見れば、今回制定された労働契約法の意義が薄いかもしれない．

中国の改革開放から30年経過し，「世界工場」としての地位を高める中で，これから中国政府は，外資利用の質的向上のために，各種法政策を打ち出し，外資を選別する，或いは外資を強く規制する傾向が見られる．もちろん，この30年間が，中国にとって，歴史的に大きな変革期であったと同時に，外資導入が中国経済に大きな発展効果を与えた．それを評価する一方，今後さらに中国経済を発展させるため，従来，とにかく外資を誘導すればよいという時代の幕を閉じさせ，新しい法制度の遵守，新労働契約法の理解，中国労働資源の有効利用，より優れた技術を持ち，省エネルギー，環境にやさしいなど，中国の環境資源を破壊しないような企業が歓迎される政策をとるべきである．こういう政策は外資に対してだけでなく，中国系企業にも国際産業チェーンの中で産業の進化を期待する．かくて企業にとって，新しい競争力の構築と組織や制度の再編成が課題となってくる．

1) 衆議院調査局レポート（2008/4）『中国における労働事情』Vol.5，25頁参照．
2) 中国における技能工に対する職業能力は評価制度を設けられる．国家が制定した職業技能基準あるいは在職資格条件（国際標準化機構 ISO（International Standards Organization）9000の国際品質管理制度の理念及び方法を手本）を基づく，職業資格証書制度である.職業資格証書制度は労働就業制度の重要な内容であり，一種の特殊形式の国家試験制度である.労働者の技術レベルあるいは職業資格に対して客観的公正，科学的規範の評価及び検定を行い，合格者に対して相応の国家職業資格証書を授与する．

3) 無固定期契約，即ち期間の定めない労働契約である．新労働契約では，第12条，第13条，第14条に規定された．日本の終身雇用に相当するものであるが．
4) 衆議院調査局レポート（2008/4）『中国における労働事情』Vol.5, 27頁参照．
5) 「三金」と「五金」は，中国の社会保険制度のことを指す．「五金」は，①養老保険，②医療保険，③労災（工傷）保険，④失業（待業）保険，⑤出産（婦女生育）保険，である．そして，その他にも，福利として，⑥住宅積立金，⑦従業員教育経費，⑧その他の福利費，などに対応する企業もある．「三金」は上述した①②④項目のことを指す．
6) 江蘇省中小企業サイト http://www.jste.gov.cn/gdzxqy/110130443.htm に参照．
7) 中華人民共和国労働契約法専門サイト http://www.ldht.org/Html/news/news/320059867.html 参照．
8) 中華人民共和国労働契約法専門サイト http://www.ldht.org/Html/news/news/320059867.html 参照．
9) 日本貿易振興機構『在アジア日系企業の経営実態』2008年4月，8頁参照．
10) 日本貿易振興機構『在アジア日系企業の経営実態』2008年4月，8頁参照．
11) 中国労働法第22条では，雇用単位と労働者間において，企業の商業秘密の秘密保持に関する事項の約定を認めるが，中国労働契約法第23条1項は，これに加え，知的財産の秘密保持に関する事項の合意を認めた上で，秘密保持義務を負う労働者との間で競業避止条項を定めることを認め，また，労働契約の解除・終了後の競業避止条約の要件についても定めた．具体的には，責任を負う者の範囲は，高級管理職，高級技術者及びその他の秘密保持義務を有する人員に限定している．競業期間については，同法第24条により，労働期間中のみならず，労働契約の解除・終了後も月の経済補償金の支払いを要件として可能としつつも，2年を上限とした．
12) 衆議院調査局レポート（2008/4）『中国における労働事情』Vol.5, 10頁参照．
13) 中国労働と社会保障部・労働科学研究所サイト http://www.ilss.net.cn/2007/lt200707.htm に参照．

参考文献

アーノルド・ピコー，ヘルムート・ディートル，エゴン・フランク著，丹沢安治ほか共訳（2007）『新制度派経済学による組織入門：市場・組織・組織間関係へのアプローチ』白桃書房，71頁．

O. E. ウィリアムソン，浅沼萬里．岩崎晃訳（1980）『市場と企業組織』日本評論社，35-70頁．

荻野敦司，馬場久佳（2008）『中国労働契約法の実務』中央経済社．

葛永盛（2006）『ファミリー・ビジネスにおけるコーポレート・ガバナンスと人的資本』中央大学博士論文，38頁．

呉敬璉［著］，青木昌彦［監訳］，日野正子［訳］（2007）『現代中国の経済改革』

NTT 出版, Pxi.
衆議院調査局レポート（2008/4）『中国における労働事情』Vol.5.
徐方啓（2006）『日中企業の経営比較』ナカニシヤ出版, 80-81頁.
白木三秀（2006）『国際人的資源管理』有斐閣, 39頁.
鈴木康司（2005）『中国・アジア進出企業のための人材マネジメント』日本経済新聞社, 174-178頁.
鈴木滋（2004）『中国ビジネスのむずかしさ・おもしろさ』税務経理協会, 141-144頁.
鈴木竜太（2002）『組織と個人・キャリアの発達と組織コミットメントの変化』白桃書房, 72-73頁.
三浦清（2007/10）「中国労働契約法の意義を考える」『経営センサー』, 58頁.
日本貿易振興機構（2008/4）『在アジア日系企業の経営実態』.
刘军胜（2008/3）「如何界定劳动法关系的主体」『企业管理』, 64頁.
刘军胜（2008/5）「如何依法规避培训风险」『企业管理』, 63頁.

中国労働契約法専門 http://www.ldht.org/
中国労働と社会保障部・労働科学研究所 http://www.ilss.net.cn/2007/lt200707.htm

第 3 部

第 8 章

中国消費者の規範意識と購買行動
―― 日中消費者行動調査の結果を踏まえて ――

三 浦 俊 彦

1. は じ め に

　北京オリンピック (2008年8月8日～24日) も無事終了し，中国の消費経済も，少なくとも北京や上海を代表とする沿海の都市部においては，日本を初めとする先進諸国にキャッチアップしつつあるように見受けられる．実際，中国のGDPは2007年時点で世界3位にまで拡大してきているが (2030年代にはアメリカを抜き世界一になると試算されている)[1]，全国22省・5自治区・4直轄市の地域別GDP (2000年) を見ると，上位10位のうち7つを沿海部の省・直轄市が占めている (1～4位の広東，江蘇，山東，浙江の4省で，中国全体のGDPの1/3)[2]．

　このように中国の消費経済が伸びる中，日本企業の中国に対する位置づけも，コスト削減のための生産基地から，売上獲得のための消費市場に変りつつあると考えられる．ウォルマート (米) やカルフール (仏) などの欧米のグローバル・リテーラーに加えて，日本のイトーヨーカ堂やセブン-イレブン，またジャスコやファミリーマートが次々と北京や上海，その他の都市部に出店しているのは，まさに中国の消費市場が大きな拡大局面にあることを物語っている．

そこで本章では，中国の消費者の購買行動に焦点を絞り，それがどのような特徴を持っているかを，中国人の文化や行動特性などを考察・検討しながら，明らかにしていく．まず2節で，中国の経済および消費市場の歴史的展開をオーバービューし，続く3節で，中国消費者の特性を集団主義や関係主義，また規範の点から理論的分析を行い，仮説を導出する．そして最後の4節で，2007年に実施した日中消費者行動調査に基づいて，理論的仮説の検証を行う．

2．中国消費者市場のオーバービュー

(1) 中国経済の歴史的展開（田中 2003，遊川 2007，寺嶋・後藤・川上・洪 2003）

中国の消費者市場を考えるに当って，まずその土台となる中国経済についての歴史的考察から始める．中国経済の発展は，1978年12月の鄧小平指導下による「改革開放」政策の導入に始まるが，それらは，1978～1992年までの第1期と，1992年～現在までの第2期に分けることができる（cf.田中 2003）．

第1期（1978-1992）においては，まず，1980年に「経済特区」を南部の沿海地域に4つ設置し（深圳，珠海，汕頭，アモイ），外国からの投資を受け入れ始めた．そこで一定の経験を積んだ後，1984年には，北から南にわたる沿海部に14の沿海開放都市を指定し（大連，秦皇島，天津，煙台，青島，連雲港，南通，上海，寧波，温州，福州，広州，湛江，北海），「経済技術開発区」という外資向け工業団地を設立した．これら特区および開発区では，「二免三減（利益計上後2年間法人税免除，その後3年間法人税半減）」や輸入関税減免などの優遇措置を行なった．その後，1988年には海南省を5つめの経済特区に指定し，1990年には上海で未開発だった浦東地区に「特区並み」優遇政策を行い，金融などの外資導入も図った（遊川 2007，寺

嶋・後藤・川上・洪2003).

　第2期（1992-現在）は，鄧小平が武漢・深圳・珠海・上海などを視察し改革開放の一層の拡大を呼びかけたといわれる「南巡講話」に始まる．ここで提案されたのが，同年秋の党大会で採択され，中国経済政策の基本方針となった「社会主義市場経済」（社会主義体制下で，経済発展のために市場経済を導入する，という考え方）である．こうして90年代前半には外資の投資ラッシュが起こったが，それ以前の製造業による投資に加え，不動産や小売，発電所・道路・港湾などのインフラといったサービス分野にも広がったのが1つの特徴であった．こうした外資の投資ラッシュに自信をつけた中国は，90年代後半には，自身の産業政策に則った形で外資の選別を行うようになり，先端技術やインフラ建設などが奨励される一方で，旧式の技術を利用した製造業は制限され，環境汚染や国の安全にかかわるものは禁止されるようになった．そして2001年12月，WTO（World Trade Organization；世界貿易機関）に加盟することによって，中国経済は，国際的な市場経済・通商ルールの枠組みに組み入れられていくのである．このWTO加盟によって，規制に守られていた自動車，流通，銀行・保険などが緩和される一方で，中国が競争力を持つ繊維製品の（諸外国による）輸入制限措置の撤廃を勝ち取った（遊川2007).

　一方，流通分野の外資への開放は1992年に始まり，同年，北京，上海，天津，広州，青島，大連の6都市と，5経済特区で，小売外資の導入が限定的ながら認められ，1999年には，卸売業についても外資の導入が認められた（寺嶋・後藤・川上・洪2003).

　上記の経済的変遷に加え，各種経済法の制定（cf.田中2003）を加えて年表を作ると，表1のようになる．

表1　中国の経済発展と経済法

期	年	内容
第1期	1978	「改革開放」政策
	1980	経済特区（深圳，珠海，汕頭，アモイ）
	1984	経済技術開発区（14の沿海開放都市）
	1988	海南島，経済特区に追加
	1990	上海浦東地区への外資導入
第2期	1992	「社会主義市場経済」政策
		6都市5経済特区で，小売外資導入
	1993	製造物品質法（産品質量法）
		不正競争防止法（反不正当競争法）
		消費者権利権益保護法（消費者権益保護法）
	1994	広告法
	1997	価格法
	1999	卸売業への外資導入
	2001	WTO加盟

(出所) 田中 (2003), 79頁など.

(2) 中国消費市場の歴史的展開（遊川2007, 寺嶋・後藤・川上・洪2003）

中国で，日本で使われるのと同じ意味での「消費者」が誕生したのは，1978年の改革開放政策以降と考えられるので，以下では，改革開放以降から現在までの中国消費市場を概観する．

① 消費財の消費動向（遊川2007）[3]

まず，消費財の消費動向について見ると，改革開放後の1980年代初頭には，自転車，ミシン，腕時計が大いに消費され，「三種の神器」といわれた[4]．価格は数百元で庶民の年収の半分もしたという．その後同じく80年代には白黒テレビやラジオが普及した．この時代は，日本と比べると，まだ30年以上の時の開きがあったと考えられる．

80年代末から90年代にかけて，カラーテレビ，冷蔵庫，エアコンが普及したが，価格は数千元で，都市部の高所得者の月収数ヶ月分に達した．そして，90年代後半には，都市部での白物家電の普及が一巡し，パソコンや携帯電話などのIT関連製品が，日本とほぼ時差無しに消費されるようになっ

図1 中国における耐久消費財の普及状況

台／世帯

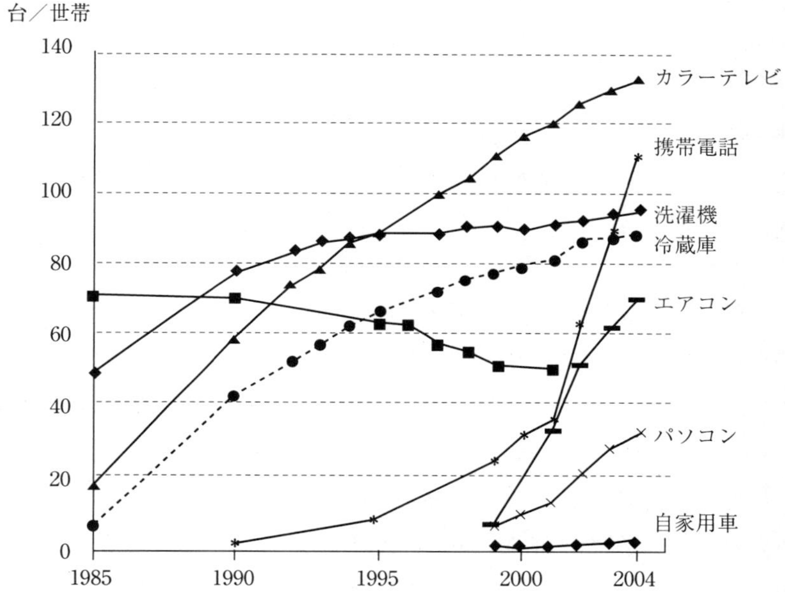

（出所）川端（2006），185頁．

た．この時期，外食や旅行，教育などのサービスの消費も拡大した．

2000年代に入ると，住宅や車，また海外旅行も購買対象となったが，価格は数万元から数十万元となった（平均的世帯年収の10年分といわれることもある）．住宅（マイホーム）への欲求が生まれたのは，1998年から進められた住宅改革（朱鎔基首相下の改革で，住宅が国からの支給物から購買対象になった）によるところが大きいといわれる．また車については，2002年に空前のマイカーブームが到来したが，その背景は，2001年12月のWTO加盟後の外国輸入車の関税引き下げ[5]と，中国国内メーカーによる対抗値下げであった．実際，十数万元していた小型車が9万元に値下げされ，4万元を切る軽自動車も現れたという．

中国におけるこれら耐久消費財の普及状況は，図1のように表すことができる．

② 中産階級の形成（遊川2007）

　上で見たように，中国の都市部の消費者は，改革開放の下，多くの家電製品を買い揃え，WTO加盟の恩恵を受け，空前のマイカーブームを現出し，住宅改革の中，マイホームも持つようになってきた．まさに，高度成長期にモータリゼーションが進展する中，中間層を形成していった日本社会と二重写しになる．

　その流れの中で，休日についても拡大した．1994年には土曜が隔週で休みになり，翌95年には，完全週休二日制が導入された．また，99年の国慶節からは，旧正月，メーデーとあわせて，1年の中で3回，実質的に1週間の大型連休（年3回の黄金週）を創設した．それによって，空前の国内旅行ブームが起きた．

　教育については，1998年に朱鎔基首相が「科教興国」を宣言し，大学定員を大幅に拡大した．98年に108万人だった大学定員は，2006年には530万人へと5倍にまで拡大し，高等教育が急速に充実している様が伺える．

　もちろん，その背景には，一人当りGDPや年収の拡大があるわけであり，仕事で稼いだお金で家や車を買い，余暇には旅行し，子供達には高等教育を受けさせる，という典型的中産階級が中国にも出現しつつあると考えることができる．英HSBCとマスターカードは，このような，年収7,500ドル～25,000ドルで，大学を卒業し私営企業に勤め，都市部に居住して海外旅行や外食を楽しむ層を「新中間層」と名づけているが，両社によると，2006年時点で3500万世帯だった彼らは，2016年には1億世帯にまで拡大すると試算されている（『日経MJ』，2008.8.29）．

③　小売業の展開（寺嶋・後藤・川上・洪2003）[6]

　一方で，消費者の消費の現場を担う流通業については，多くの業態が短期間に展開したのが中国の特徴であった（家電製品など耐久消費財の普及についても，中国では，長い年数をかけた日本などとは違い，一気に多くの製品が普及して行ったことと相似的である）．実際，中国では，百貨店（中国語では，百貨商場），スーパーマーケット（同じく，超級市場），GMS（総合

スーパー；同じく，大型総合超市），ハイパーマーケット（同じく，大売場），CVS（コンビニエンスストア；同じく，便利店），などの各種業態が，かなり短期間に一時に展開されたということができる．たとえば，日本では，スーパーのダイエー（主婦の店ダイエー）1号店の開業は1957年で，CVSのセブン-イレブン1号店は1974年と，その間に17年の歳月が流れているが，一方，中国では，上海にスーパー1号店ができたのは1991年で，CVS第1号のローソン1号店はそのわずか5年後の1996年に出店している（遊川2007）．

1）百貨店の時代

中国の小売業においては，長く百貨店黄金時代が続いていたが[7]，それは，①第1段階(1949年の建国～1990年)，②第2段階(1990～1995年)，に分けられる．第1段階において，1978年の改革開放以前は，計画経済下における国営配給機関としての大きな役割を担っていたわけであるし，改革開放以降は，a. 構造的な供給不足，b. 国の独占保護政策，c. 都心中心部という好立地，などの条件から，毎年増収増益を記録していた．

第2段階には，百貨店業界は急成長を遂げ，品揃えは，従来の生活必需品から贅沢品も含めた多様なものに拡大し，従業員のサービス水準も「百問不煩 百拿不嫌（100回聞かれても煩わしくない，100回とってあげても嫌がらない）」といわれたように向上し，販売方式も従業員が取り出す方式から開架自選方式（セルフ方式）へと革新した．こうして，92年にはルフトハンザ百貨店（独）との合弁の北京燕莎友誼商城，93年には伊勢丹（日），94年にはプランタン（仏），98年にはそごう（日），などが参入した．このような外資が，中国の百貨店発展の牽引役を果たしたといえる．

このような栄華を極めた百貨店であったが，1995年を過ぎると，a. オーバーストア状態，b. 新業態の出現，などによって業績不振に陥ってきた．

2）スーパーマーケット，GMSの台頭

そのような中，新たな業態として脚光を浴びたのが，スーパーマーケットであった．中国で最初に誕生した本格的なスーパーマーケットは，1991年

に第1号店「曲陽店」を出店した上海聯華超市(現・聯華超市)といわれる[8]. 同店に限らず94,5年頃までに開業したスーパーマーケットは, 多くが小型食品スーパーであり, 本部の大量仕入によるローコスト・オペレーションと, 店舗数拡大によるチェーン・オペレーションのメリットを享受し, いわゆる「第2次スーパーブーム」を現出させた[9]. この第2次スーパーブームを支えた要因としては, a. 配給券(糧票や油票など;1993年まで基本的に生活物資は配給券による配給制であった)の廃止による品揃えの向上, b. 消費者の所得水準の向上(93年の上海の1人当たりGDPはすでに11,662元), c. セルフ販売に必要な設備の整備, d. 多店舗展開による規模の経済の享受, などがあげられる.

ここで, 配給券の廃止は, 中国消費市場にとって, 非常に大きな要因だと思われる. まさに92年以降の「社会主義市場経済」政策に則ったものであり, これによって, 消費者は, 自分の生活に合った, 自分のニーズや趣味に合った商品・サービスを選択・購買することが可能になり, 真の意味での消費者(生活者)になったと考えることができる. 所得の向上などの内的要因に加え, 小売環境での自由な選択(商品種類を選ぶという意味でも, セルフでも選べるという意味でも)という外的要因を得て, まさに中国消費者が誕生したのである.

その後, スーパーマーケット(食品スーパーが中心)に加え, もう少し大規模なGMS(総合スーパー)が中国小売業界における主力業態になって行ったが, このGMSについては, 特に, グローバル・リテーラーと呼ばれる外資の参入が大きい. 95年にはカルフール(仏)が上海と北京にGMS[10]を出店したのを皮切りに, 翌96年にはウォルマート(米), イオン(日), 西友(日), アホールド(蘭)が[11], 続く97年には, プライスマート(米), イトーヨーカ堂(日)などが出店した. このように発展・成長しているGMSであるが, a. 消費者ニーズが多様化する中, 専門店やドラッグストアの品揃えに見劣りし出した, b. ディスカウントストアとの熾烈な価格競争, c. オーバーストアによる必要商圏人口の確保の難しさ[12], d. 大都市や郊外

地域の出店空白地域の減少，などの不安要因が指摘されており，それらへの対応が急務と考えられる（寺嶋・後藤・川上・洪 2003）．

3）CVS の躍進

90年代に中国小売業界の革新を担ったもう一方の雄が，CVS（コンビニエンスストア；便利店）である．92年に，デイリーファーム（香港）は，広東省におけるセブン-イレブンの営業権を買い取り，外資系CVSとして，初めて深圳に出店した．その後，95年にエーエムピーエム（日）が広州に，96年にはダイエーが上海華聯超市と合弁で，ローソンを上海に出店させた．その後，2004年にはファミリーマートが上海に新規参入し，同じく2004年には，セブン-イレブンが，中国資本3大CVS（QUICK, WUMART, 超市発）の牙城の北京に進出した．上海と北京のCVSでは違いがあり，上海では，日系のローソンが持ち込んだおでん，中華点心，おにぎり，弁当といったファストフードが競争の鍵となっている一方で，北京のCVSでは，最寄りのスーパーの代替店として，青果や肉，冷凍食品などを扱うミニスーパー的な店舗が多かったと言われる（川端 2006）．そのような中，おでんやおにぎりは勿論のこと，店内調理の暖かい朝食を提供する北京のセブン-イレブン（川端 2006）は，北京の小売業界のみならず，消費者の生活にも多大な影響を与えるのか注目される．

(3) 北京・イトーヨーカ堂のケース

最後に，2007年7月30日〜8月4日に行った「中国北京・天津企業訪問調査」（団長：丹沢安治中央大学総合政策学部教授）の際にインタビューしたイトーヨーカ堂（華糖洋華堂商業有限公司）[13]のケースを取り上げ，中国消費者市場の現在を読み解くヒントとしたい．

訪問したのは，四環道沿いの北京2号店（2001年開店）であったが，イトーヨーカ堂の北京1号店は1998年に出店されている．2007年7月時点で，北京のイトーヨーカ堂は6店舗で，翌2008年中にさらに4店舗開業する予定であった（計10店舗の内，8店舗が約2万m^2，2店舗が約1万m^2）．来

店客数は，平日3万人，土日祝日5万人と，大いに繁盛しているようであったが，特に注目されたのが，食品売り場であった．

たとえば，日本の新聞等でも報道されたが，米については，普通の中国米が1kg10元のところ，2kgで198元や188元といった，10倍もの高価な日本米（こしひかりやひとめぼれなど）が飛ぶように売れたという．また，野菜売場では，有機野菜の構成比が全体の5割ともいう．さらに，物流では，チルド物流や低温物流の取り組みを進め，品質の向上を目指しているという．実際，訪問調査に同行した，北京在住の申淑子中国人民大学副教授によると，「イトーヨーカ堂の食品売場は，北京でトップ」だという．特に，三素問題（肉の激素；ホルモン，食品の毒素，飲料の色素）を気にするようになった北京の消費者にとって，食品の安全性や高品質を非常に大事にしているイトーヨーカ堂は大いに評価されているという．

このように，高価格・高品質の日本米や有機野菜を購買し，飲料・食品の添加物を気にする北京の消費者は，最近の日本の健康や安全，品質を重視するロハス（LOHAS；Lifestyles of Health and Sustainability；健康と環境を志向するライフスタイル）な消費者達と，まさに同時代を生きているということができそうである．その意味で，このケースからも伺えるように，少なくとも北京や上海といった沿海部の大都市圏に居住する，中から上にかけての消費者層は，少なくとも表面的には，先進国の消費者達に肩を並べつつあると考えることができる．

3．中国消費者の意識と行動

以上のような中国経済および中国消費者市場の発展を踏まえた上で，本節では，中国消費者の意識と行動について考察する．

(1) 集団主義と関係主義

① 集団主義のアジア

一般に，欧米の個人主義，日本（アジア）の集団主義といわれるように（cf. 高野・櫻坂1997），日本，中国を含めて，アジア諸国は，欧米に比べ，集団主義的傾向が強いといわれる．たとえば，1967～1973年に，IBMの世界66ヶ国のべ約117,000名の社員に対し行った質問票調査を分析したHofstede (1980) によると，台湾は（残念ながら中国本土の分析は行われていない），詳細に分析された40ヶ国中，個人主義－集団主義の軸では，4番目に集団主義的傾向が強い国と報告されている（ちなみに，日本は19番目に集団主義的）．また，対人間コミュニケーションにおいて，コンテクスト（context；文脈）の共有性が高く，お互いに相手の意図を察しあうような文化を高コンテクスト文化，コンテクストに依存せず，コードにしたがって機械的なコミュニケーションを行う文化を低コンテクスト文化としたHall (1976) は，日本人や中国人をもっとも高コンテクスト文化の極に位置づけている（図2）．

ここで，コンテクストとは，言表行為が展開される状況の総体であり，① 当該行為の物理的・社会的環境，② 対話者の上記環境へのイメージ，③ 対話者の身分，④ 各自が相手にもつ考え，⑤ 当該行為に先立つ諸事件（特に

図2　各国のコンテクスト度

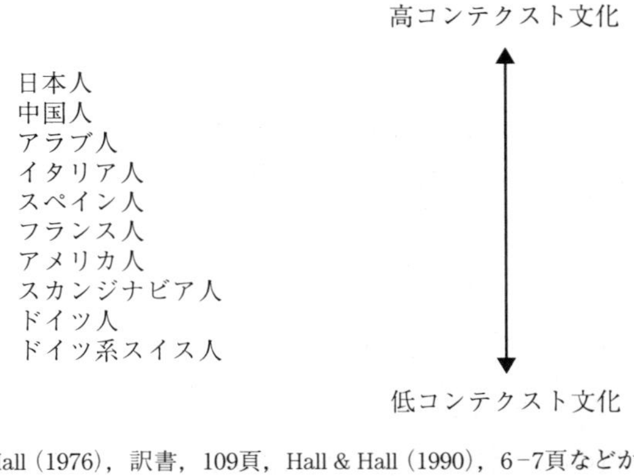

高コンテクスト文化

日本人
中国人
アラブ人
イタリア人
スペイン人
フランス人
アメリカ人
スカンジナビア人
ドイツ人
ドイツ系スイス人

低コンテクスト文化

（出所）Hall (1976)，訳書，109頁，Hall & Hall (1990)，6-7頁などから作成．

前後の言葉のやりとり），などが含まれる（『言語理論小事典』朝日出版社，1975）．したがって，高コンテクスト文化とは，言語コミュニケーションにおいて，場の状況（物理的・社会的環境）や，相手（対話者）の身分・考えなどを慮って発言・行動する集団主義的な文化と言うことができるわけであり，中国は日本と共に，ここでも集団主義と捉えられていると考えることができる．

② 関係主義の中国

それに対して，園田（1991）は，「関係主義」という新しい概念を提示している．ここで，「関係主義」とは，

a. 人間関係を取り結ぶ契機が，家族（血縁）および出身地域（地縁）に強く規定される，

b. 集団内部の凝集力が強く，多くの資源を共有する分だけ，外部に対する排斥力および無関心が強い，

c. そのネットワークが強固な「自我（ego）」を中心に同心円状に広がっている，

という諸特徴をもつものと定義している．

ここで，前2者（a. の「血縁・地縁による集団形成」，b. の「集団内部の凝集力の高さと外部集団への排斥・無関心」）は，アジア的な集団主義的傾向に符合するものである．その一方で，c. の「強固な自我を中心とするネットワーク」という点は，日本とは違い，非常に中国的である．実際，園田（1991）によると，中国の社会学者の孫本文の影響を受けた費孝通（1985）は，中国の人間関係の特徴を「差序格局」と名づけ，「国家は家のために，家は自分のために」という「私」への限りない縮小原理を中国社会の特徴としたという[14]．このように「強固な自我」というのが，日本にない中国的な特徴であり，「組織より自分の利益を第一に考える」（遊川2007）などといった中国人に対する評価と符合する．

上記の点は，アジアの国でありながら，非常に欧米の個人主義的印象を受けるが，園田（1991）によると，欧米の個人主義とは異なるという．すな

わち，欧米の個人主義は，対自化された「自己（self）」に基づいたものであるが，中国人に見られるのは「自我（ego）」であり，「面子」など日常的・可視的関係に埋め込まれた，即自的なものであるという．この「自己」と「自我」の違いの議論は今後に譲りたいが[15]，いずれにしろ，中国人には，特に即自的な利益という視点から，個人主義的傾向が見られることが理解されよう．

(2) 中国人の規範意識と消費者行動

① 規範フィルター論

規範とは，「社会や集団において，成員の社会的行為に一定の拘束を加えて規整する規則一般」を意味するものであり（『社会学小辞典』有斐閣，2005），「個人の行動を規定する社会の力」といい換えることも可能である．この規範には，① 慣習，② 道徳，③ 法，の 3 種があり，順番が進むほど逸脱・同調した場合のサンクション（罰則／報酬）が大きくなる（友枝 1996）．すなわち，慣習はサンクションと強固に結びついていないことが多い一方，道徳はその多くが結びつき，さらに法はサンクションともっとも明瞭な関係を持つものである．消費者の購買行動にかかわる規範は，そのほとんどが上記 3 分類では，第 1 の慣習に含まれるものと考えられる．

ここで，欧米の消費者と日本の消費者を比べると，以下のような違いがある（三浦 2008）．すなわち，欧米社会においては，「真善美の規範」[16]は，（個人・文脈を超え）先験的・明示的に存在し，各個人はそれら規範と 1 対 1 で向き合い，自らの行動を個人主義で決定する．それら規範の文脈（コンテクスト）依存性は低く，結果，常に一貫した規範が存在し，一貫した行動が現出する．一方，日本社会においては，「真善美の規範」は先験的には存在せず（事後的構成），あるのは「周りに合わせて（集団主義で）行動せよ」という過程に関する規範のみである．したがって，文脈依存性は高く，結果，文脈・状況に応じ，その都度，規範が事後的に構成されることになる（そしてとられる行動も，文脈・状況に応じて異なることになる）．規範が優先され

表2　欧米と日本の消費者行動の違い（規範意識のなさの例）

	欧　　米	日　　本
①ブランド購買	LVはそれなりの人が購買	誰でもLVを買う
②食　　事	洋食中心（特に家庭内）	和洋中（外食も家庭内も）
③季節イベント	キリスト教教義など	初詣，X'mas，仏式葬式など
④東西の価値	西欧価値第一主義	和魂洋才・和魂漢才
⑤価値観	敬親，友扶，家族愛	「人に迷惑をかけなきゃいいじゃん」と言う若者
⑥CSR	社会意識	流行としてのLOHAS
⑦神	一神教	多神教（八百万の神）

(注)　LVは，Louis Vuitton.
　　　CSRは，Corporate Social Responsibility.
　　　LOHASは，Lifestyles of Health and Sustainability.
(出典)　三浦（2008），18頁．

る欧米社会，文脈（コンテクスト）が優先される日本社会，とまとめることもできるだろう（上記のHall 1976の考え方と基本的に相通じるものである）．

　たとえば，日本の規範意識の低さの例としては，表2のような例があげられる．

　以上のような欧米・日本の規範意識の違いに基づき，日本の消費者行動の特徴として，三浦（2008）があげたのが，「規範フィルター論」という考え方である．その構造は，選択肢に関する前段と，選択結果に関する後段の2つの部分から構成される．

　前段部分は，上で説明したものであり，購買に関する規範が強い社会（欧米など）においては，その規範がフィルターになって選択肢が限定される一方，購買に関する規範が弱い社会（日本など）においては，規範のフィルターの網の目が粗く選択肢が多様・多数になる，というものである．つまり，規範フィルターの厚い欧米，薄い日本，ということである．

　後段部分は，その後の選択結果に関するものである．普通に考えると，限定された選択肢しか持たない欧米社会（購買規範の強い社会）では，選択結果も限定的になる一方，多様な選択肢を持つ日本社会（購買規範の弱い社会）では，選択結果も多様になる，と予想される．ただ，実際には，それら予想

に反して，欧米では，個人主義の下，各人が自由な選択を行い，多様な選択結果を生み出す一方，集団主義の日本では，他者の評価を気にして，かえって同質的（限定的）な選択結果を生み出してしまうと考えられるのである．

前後段をまとめると，「規範フィルター論」とは，以下のようになる．すなわち，欧米社会は，「限定選択肢の中での多様な選択」，一方，日本社会は，「多様選択肢の中での同質的選択」ということである．

② 中国人の規範意識

上記のように，欧米人に比べ，規範意識が弱いことが予想された日本人であったが，中国人はどうであろうか．集団主義・関係主義の項で検討したように，中国人には，アジア的な集団主義と欧米的な個人主義が同居している可能性が考えられる．その点から類推すると，欧米よりは規範意識が相対的に弱いとしても，日本よりは規範意識が相対的に強いことが予想される．その点について，たとえば，千石（1998）は，日本青少年研究所が1997年に日米中高校生に対して行った興味深い調査について，その結果を紹介している（表3）．

表3の①・②にあるように，「先生に反抗すること」・「親に反抗すること」という社会の非常に基本的部分に位置する規範について，日本の高校生の約8割が「本人の自由でしてよい」（反抗してよい）と答えたのに対し，アメリカと中国では，ちょうど正反対に，8割以上の高校生が「してはならない」と答えている．この調査結果を見ると，中国の高校生は，規範意識の

表3　日米中高校生の規範意識の違い

規範＼国別	日本	米国	中国	日本	米国	中国
	本人の自由でしてよい			してはならない		
①先生に反抗すること	79.0	15.8	18.8	21.0	82.2	80.3
②親に反抗すること	84.7	16.1	11.7	15.2	81.5	84.4
③過激なファッションをすること	85.9	66.1	26.2	14.0	32.4	73.3
④人気タレントの髪型や行動をまねること	94.5	66.1	26.2	5.1	31.7	61.0

（注）約8割以上の高率の回答結果を，網掛け．
（出典）千石（1998），115頁．

低い日本よりも，むしろ規範意識の高いアメリカの側と同じと考えることができる．

　③・④については，流行にかかわることなので，アメリカの高校生も高い回答率（ともに66.1％）を示しているが，日本の85.9％，95.9％というさらに高い値は3ヶ国で突出している．上の規範フィルター論で言うように，社会の規範の弱い日本においては，消費場面においても「これを買ってはいけない」「これを買うべきだ」といった種類の規範が少なく，その結果，どのように消費してもよい（どのような格好をするのも自由である）という状況を招来していると考えられる．この③・④については，中国の高校生は，日米と違い，6～7割以上が「してはならない」と答えており，社会の流行より自分の趣味・主張を大事にする，中国人の個人主義的傾向を読み取ることができる（また，アメリカより，さらに規範意識が強い，と読み取ることもできる）．

　③　中国人の規範意識と購買行動

　以上の分析から，中国人は，日本人に比べ，規範意識が強く，したがって，欧米に近い購買行動をとることが予想される．

　したがって，先に見た規範フィルター論を，日本と中国の対比の中で言い換えるなら，次のようになる．すなわち，中国社会は，「限定選択肢の中での多様な選択」，一方，日本社会は，「多様選択肢の中での同質的選択」ということである（表4）．

　次の4節で，この日本と中国についての「規範フィルター論」に関して，調査分析を行う．

表4　規範フィルター論

	中国（欧米）	日　本	説明原理
選択肢	限定的	多様・多数	購買に関する規範
選択結果	多様	同質的	個人主義／集団主義

4. 調 査 分 析

(1) 調査の概要

上で見た日中に関する「規範フィルター論」を検証するために，日中において事業を展開する日本の中堅メーカーの協力を得て，同社の日中従業員に質問票調査を行った．調査の概要は，表5のとおりである．

(2) 選択肢の多様性

まず規範フィルター論の前段部分である，選択肢の多様性について検証する．上で見たように，購買行動に関する規範意識が弱い日本の消費者は，階層や年齢，また当該製品を販売するメーカーの社会性などに関係なく，自分が買いたい商品を何でも買う一方で，規範意識が相対的に高い中国の消費者は，欧米消費者のように，選択肢が限定されるのではないかと予想された．今回調査の中から，この「選択肢の多様性」に関する質問項目11個を抜き出し，それぞれについて，そのとおり (1) から違う (5) までの5点尺度で回答を得，その平均値の差を検定したのが表6である．

表6に見られるように，「商品さえよければ生産国は気にしない」と「買

表5 調査の概要

調査時期：2007年3～4月
調査地域：日本（東京圏・中部圏），中国（上海）
調査対象：18～66歳の男女
調査手法：質問票調査
サンプル数：日本701人，中国165人
調査内容：一般的消費意識，8製品（ビール，携帯電話，シャンプー，カラーテレビ，ジーンズ，チョコレート，乗用車，洗濯用洗剤）の消費行動，など

172　第3部

表6　「選択肢の多様性」に関する日中消費者の意識の違い（t検定の結果）

質問項目	日本	中国	有意水準	仮説との関係
年齢にあった購買行動がある	2.04	1.56	****	○
階層にあった購買行動がある	2.09	1.56	****	○
所得・階層に関係なく高級ブランドを買ってよい	2.46	3.86	****	○
商品が良くても環境・社会に悪いものは買わない	2.41	1.86	****	○
商品さえよければメーカーの社会性は問わない	2.85	3.63	****	○
商品さえよければ生産国は気にしない	2.66	1.70	****	×
一点豪華主義的装いは，問題ない	2.39	3.30	****	○
買い物は自分の生活水準に合った店に行く	2.09	1.83	****	○
買い物はDSから百貨店まで多様な店でするのが好き	2.53	2.49	―	―
外食は和洋中多様なレストランに行く	2.38	2.96	****	○
過程では和洋中多様なものを食べる	2.65	3.45	****	○

（注）1. 数値が小さいほど，質問項目に賛成を示す．
　　　2. 有意水準は，****0.1％，―有意差なし．
　　　3. 仮説との関係で，○は立証，×は反証．

物はDS（ディスカウントストア）から百貨店まで多様な店でするのが好き」という2項目を除いて，「選択肢の多様性」に関する他の9項目において，仮説通り，中国の消費者は，日本の消費者に比べ，購買の規範意識（条件によって買ってはいけないと感じる意識）が強いことが，統計的に有意であることが示された．中国の消費者は，日本の消費者に比べ，年齢や階層を意識し，さらに商品および当該企業の社会性までも（商品がよくても）考慮に入れて，購買選択を行うのである．

　この後者の結果（社会性を考えるか否か）は，注目に値する．すなわち，日本の消費者が依然として「商品さえ良ければメーカーの社会性は問わない」と，ある種，公害問題の起こる高度成長期以前の発想に近いものを持っているのに対し，すでに中国の消費者は，企業の社会性まで考える段階にまで踏み込んでいるのである．日本が戦後50年かけて少しずつ発展させてきた消費社会を，ほんの20年ほどで達成しつつある中国は，この経済の社会化という資本主義発展の次の段階のステップについても，すでに先取りしつつあるのかもしれない．ただ，いずれにしろ，この社会性の面に関しても中国の

消費者は規範意識が相対的に強く，結果として，選択肢が限定されることが理解される．

(3) 選択結果の同質性

続いて規範フィルター論の後段部分である，「選択結果の同質性」について検証する．日本の消費者は，たとえば，諸外国に比べ豊富な選択肢を比較検討しても，結局は，集団主義的性格から，結果としての選択商品・ブランドは同質的になる，という仮説である．これを中国の消費者の立場に立って言い換えると，中国の消費者は，その規範意識の相対的強さから選択肢が限定されても，その個人主義的性格の相対的強さから，結果的には，日本に比べ，多様な購買選択結果を生み出す，というものである．今回調査のなかから，この「選択結果の同質性」に関する質問項目4個（同じく5点尺度で質問）を抜き出し，その平均値の差を検定したのが表7である．

表7に見られるように，「他人の評価に関わらず，自分が気に入ったものを常に買う」という項目では差が出なかったが，それ以外の3項目では，選択結果（＝購買商品・ブランド）を他人と異なるもの（個性的）にしようとする中国の消費者の特徴が統計的に有意に示されている．

以上，表6および7の結果から，規範フィルター論の主張する，中国消費者の「限定選択肢の中での多様な選択」と，日本消費者の「多様選択肢の中での同質的選択」という特徴が，ある程度は検証されたということができよう．

表7　「選択肢の同質性」に関する日中消費者の意識の違い（t検定の結果）

質問項目	日 本	中 国	有意水準	仮説との関係
自分だけ違う格好だと恥ずかしい	2.51	3.22	****	○
パーティに呼ばれた際，他人のプレゼント額が気になる	2.40	3.27	****	○
衣服でも何でも，自分のスタイルを貫く	2.13	1.73	****	○
他人の評価に関わらず，自分が気に入ったものを常に買う	2.24	2.19	―	―

（注）1．数値が小さいほど，質問項目に賛成を示す．
　　　2．有意水準は，****0.1％，―有意差なし．
　　　3．仮説との関係で，○は立証，×は反証．

(4) マーケティング戦略に関する項目

　最後に，日中の消費者が，今回の調査で取り上げた8つの製品の購買に当って，どのような特徴的な違いを見せていたかを分析する．日中の製品購買における消費者行動の違いが明らかになると，それぞれの消費者に対するマーケティング戦略の方向性が明確になると考えるからである．今回の調査では，8つの製品の購買行動それぞれについて，関与や重視属性など全部で12の質問（同じく5点尺度）を行った．その中で，8つの製品中6製品以上で有意な結果を見せた項目をあげたのが，表8である．

　表8に見られるように，日本の消費者については，「選択肢の多様性（＝品揃えの豊富さ）」がやはり重視されていた．実際，8製品中6製品において，選択肢の多様性を求めていた．日本の消費者に対しては，企業のマーケティング戦略における品揃えの幅の重要性と，それを適確に伝える広告・コミュニケーション戦略の展開が必要と考えられる．

　一方，中国の消費者の特徴は，イメージ（企業イメージおよび商品ブランドイメージ）の重視も見られたが，むしろ，最下段の「友人・知人の意見を参考に決定」という項目について，多くの製品分野（8製品中7製品）において，日本消費者を有意に上回っている点が重要である．上で見た「関係主義」の記述にあるように，中国消費者においては，友人・知人など，自己を取り巻くネットワークが，消費を含めた社会生活全般において重要な役割を果たしていることが伺い知れる．このような他人影響（口コミ）は，近年，

表8　8製品の購買行動における日中の違い（t検定の結果）

質問項目	ビール	携帯電話	シャンプー	カラーテレビ	ジーンズ	チョコレート	乗用車	洗濯用洗剤
多くの選択肢から選びたい	○*	○*	―	○****	▲****	○****	○***	○*
購買時にメーカーイメージを重視	▲****	▲****	▲****	▲****	▲****	▲****	▲****	▲****
購買時に商品ブランドイメージを重視	▲****	▲****	▲****	▲****	▲****	▲****	▲***	▲****
友人・知人の意見を参考に決定	▲****	▲****	▲****	▲****	▲****	▲****	―	▲****

(注1)　○は，日本の消費者の方がよりその傾向があることを示す．
　　　　▲は，中国の消費者の方がよりその傾向があることを示す．
(注2)　有意水準は，****0.1％，***1％，*10％，―有意差なし．

ネット上の口コミ（コミュニティ・サイトやブログなど）とも連動しだしており，ネットを含めたコミュニケーション戦略の再構築が，中国マーケティングでは必須であることが読み取れる．

5．お わ り に

　以上，本稿では，中国消費者の意識と行動を読み解くために，中国経済および中国消費市場の歴史的展開から説き起こし，集団主義や関係主義といった文化的検討を踏まえて仮説（規範フィルター論）を提示し，日中消費者行動調査のデータを分析する中から，中国消費者の現在を少しは浮き彫りにすることができたと考える．

　アジアの国でありながら唯一先んじて欧米先進諸国の仲間入りを果たした日本は，その世界史的特異性から，日本学（Japanology）として研究が進められた．一方，今回取り上げた中国も，集団主義といわれることが多いアジアの国でありながら，非常に欧米的な個人主義的傾向を持ち，今回の調査では社会性をも日本に先んじて持ちつつあることも示されており，こちらも世界史的に非常に興味ある研究対象である．中国の経済・政治がますます世界の中で大きくその存在感を増していくであろう今日，中国を構成する消費者1人ひとりの特徴を明らかにしていくことは，研究としても，ビジネスとしても非常に重要である．今回の予備的研究では，主に購買行動における選択肢の問題を中心に検討したが，次稿では，さらにその購買選択結果の他人への伝播（＝流行）なども含め，中国消費者をさらに深く分析していきたい．

1) たとえば，「国際平和のためのカーネギー財団」による調査など（http://www.chosunonline.com/article/20080710000034）．
2) 2000年2月29日付の中国紙『経済日報』による（http://www.hp.infoseek.co.jp/~newschina/00030102e.htm）．このことは，同時に，東西（沿海部と内陸部）の格差が存在することを意味しており，沿海の都市部に高感度な消費者が生

まれつつある一方で，内陸の農村部では依然としてブランド選択以前の製品選択さえままならない消費者も存在することを示唆している．たとえば，『中国統計年鑑』(2001年版) によると，1995年において，1人当たり年収は，都市部が4,283元に対し農村部が1,577元（格差2.72倍），1人当たり年間消費は，都市部が4,874元で農村部が1,434元（格差3.40倍）となっている（村松2005）．したがって，中国消費者を理解するためには，両者をともに分析・考察することが必要である．ただ，紙幅の関係から，この点については，次稿に譲る．

3) この「① 消費財の消費動向」および「② 中産階級の形成」での記述は，基本的に，遊川（2007）に拠っている．
4) 1950年代の日本における「三種の神器」は，冷蔵庫，洗濯機，白黒テレビ．ちなみに，1960年代には，クーラー，カラーテレビ，車（カー）が普及し，3Cと呼ばれた．
5) WTO加盟の際の取り決めにより，輸入車（3000cc以下）の関税は，2001年の70％から，2006年には25％まで引き下げられることになった（遊川2007）．
6) この「③ 小売業の展開」での記述は，基本的に，寺嶋・後藤・川上・洪（2003）に拠っている．
7) 中国における百貨店第1号は，1900年，秋林公司（ロシア資本によるもの）が黒龍江省ハルビンに開いたものといわれる（寺嶋・後藤・川上・洪2003）．
8) 1990年に広東省東莞市に開業した東莞美佳超市も近代的なスーパーマーケットと考えられるが，この1991年の上海聯華超市の出店をもって「スーパーマーケット誕生日」とするのが一般的といわれる（寺嶋・後藤・川上・洪2003）．
9) 第1次スーパーブームは，1980年代の旧来型副食品店が転換した，「自選市場」という小型業態の出現と捉えられる（寺嶋・後藤・川上・洪2003）．
10) カルフールは自社の店舗をハイパーマーケット（仏語で，hypermarché）と呼んでいるが，実質的には，GMSとほぼ同義と捉えることができる（寺嶋・後藤・川上・洪2003）．
11) 西友（日）とアホールド（蘭）は，その後，撤退した．
12) 2,500m^{2}以上の売場面積と定義されるGMSの場合，一般に，20万人の商圏人口が必要といわれる（寺嶋・後藤・川上・洪2003）．
13) 2007年7月31日に訪問し，華糖洋華堂商業有限公司営業本部長の佐野正之氏と，同店店長の片桐秀明氏からお話を伺った．ここに記して感謝する次第である．
14) 費孝通（1985）は，「私」に縮小・収斂される「差序格局」という原理が，中国社会における最大の欠点とした（園田1991）．
15) 西欧近代の「近代的自我」（園田の用語では，自己）の確立は，17-18世紀の市民革命（イギリスのピューリタン革命・名誉革命，フランス革命，など）による近代市民社会の成立によるところが大きく，単に自己の利益だけでなく，社会全体を自分達がよき方向にリードしていくという視点が重要な構成要素になって

いる．その意味では，「中国の個人主義的傾向」とは，まさに「傾向」であり，近代的自我（＝欧米の個人主義）がもっている「社会全体を自分達がリードしていく」という視点は弱く，むしろ，自己の利益を中心に考えるという即自的視点が強いものと考えることができる．

16) 規範は，基本的に，正しいこと（真），よきこと（善）を示すものと考えられるが，美しきこと（美）についても，特に規範の1つである慣習などにおいては，多く規定されている（特に日本など）．たとえば，梅原（1967）は，西欧では，真善美および聖を最高価値としている，と述べている．

参 考 文 献

梅原猛（1967），『美と宗教の発見』筑摩書房．
川端基夫（2006），『アジア市場のコンテキスト【東アジア編】』新評論．
千石保（1998），『日本の高校生—国際比較でみる』日本放送出版協会．
園田茂人（1991），「「関係主義」社会としての中国」野村浩一・高橋満・辻康吾編『もっと知りたい中国Ⅱ 社会・文化編』弘文堂，40-56頁．
田中道雄（2003），『中国の都市流通』税務経理協会．
高野陽太郎・櫻坂英子（1997），「"日本人の集団主義" と "アメリカ人の個人主義"」『心理学研究』，Vol.68, No.4，日本心理学会，312-327頁．
寺嶋正尚・後藤亜希子・川上幸代・洪緑萍（2003），『最新よくわかる中国流通業界』日本実業出版社．
友枝敏雄（1996），「規範と制度」『社会学のエッセンス』有斐閣，113-128頁．
遊川和郎（2007），『中国を知る』日本経済新聞出版社．
三浦俊彦（2008），「規範フィルター論：日本の消費者行動のメカニズム—日中消費者行動調査の結果を踏まえて—」『日経広告研究所報』，237号，日経広告研究所，17-23頁．
村松幸廣（2005），「現代中国の消費者行動」松江宏編『現代中国の流通』同文舘出版，105-133頁．
Hall, Edward T. (1976), Beyond Culture, Anchor Press.（岩田慶治・谷泰訳（1979），『文化を超えて』TBSブリタニカ．）
Hall, Edward T. and Mildred R. Hall (1990), *Understanding Cultural Differences: German, French and Americans*, Intercultural Press.
Hofstede, Geert (1980), *Culture's Consequences*, SAGE publications.（萬成博・安藤文四郎監訳（1984）『経営文化の国際比較』産業能率大学出版部．）

第9章

中国におけるオフショア・ソフトウェア開発

潘　若　衛
葛　永　盛

1．はじめに

　近年，中国のソフトウェア産業は，国の政策によるサポートや市場環境の改善により，著しい発展を成し遂げ，国際競争力も高めつつある．2007年，中国のソフトウェア産業の売上総額は5,800億元に達し，その規模は8年前の1999年に比べ，2.5倍以上も拡大した．ソフトウェアの応用領域も通信，家電，自動車，娯楽など幅広い業界に浸透している．その中でも，急成長しているのは，ソフトウェアのオフショア開発[1]，とりわけ，日本向けオフショア開発である．
　中国の日本向けオフショア開発は，1990年代の前半までには，形態として，中国人のソフトウェア技術者が日本に出張して，日本で開発を行う形態がとられ，中国国内でオフショア開発を行う形態はほとんどとられていなかった．
　中国の日本向けオフショア開発が急速に伸び始めたのは，中国でインターネットが普及し始めた1990年代の半ば頃からである．しかし，この時期においては，中国国内の人材不足，特に日本語の運用能力のある人材が不足していたため，中国の日本向けオフショア開発は，製造フェーズ（コーディン

グと単体テスト)といったソフトウェア開発の下流工程が中心で,要件定義や設計フェーズでの開発は,ごく小さなプロジェクトに限られていた.また,この時期のオフショア開発は,「人件費削減」志向[2]ビジネスモデルがほとんどだった.

ところが,2000年以降,日本でソフトウェア開発を経験した中国人のソフトウェア技術者が帰国し始めたため,中国国内でも優秀なソフトウェア技術者を採用できるようになった.それがきっかけとなり,中国の日本向けオフショア開発は,単純な製造フェーズから,設計フェーズを含む上流工程の開発もできるようになった.しかし,下流工程から上流工程へシフトするにつれ,設計能力は勿論,そのほか,情報伝達や意思疎通などかなりのコミュニケーション能力が必要になる.

なぜならば,オフショア開発にあたっては距離,時差の関係からコミュニケーションは一層困難になる.さらに,後述するように,設計フェーズを含む上流工程へシフトするにあたっては,いちいち仕様を確認することが必要になるが,とりわけ初めての中国の委託先との間では日本国内業者に対する発注の場合の「あうんの呼吸」のようなニュアンスの共有は困難であり,詳細にわたる文書化と理解度の確認が必要になる.

また,中国の開発者は,日本企業からの受注の問題点は開発開始後の仕様変更であるとそろって口にしており,この点は日本の慣行の特殊性であるといえそうだ.「本音と建前」や「暗黙の了解」など,含意が多いという日本文化の特殊性を認識し,常時注意を払う必要がある.

本章は中国のソフトウェア産業の概況を踏まえた上で,オフショア開発が単純な製造フェーズから設計フェーズを含む上流工程へ展開する動向を分析し,さらに事例研究を通じてオフショア開発における問題点——コミュニケーションの問題を解明することを試みる.

2．中国におけるソフトウェア産業とオフショア開発

(1) 中国のソフトウェア産業の概況

　図1は，2007年主要国の世界ソフトウェア産業に占める割合を示したものである．それを見ると，世界ソフトウェア産業の牽引役は依然としてアメリカで，世界シェアの3割強を占めている．日本の世界シェアに占める割合は，ここ数年大きな変動はなく，1割弱を維持するにとどまっている．インド，中国，韓国の同割合は，近年少しずつ伸びているものの，全般的には規模が依然として小さい．中国とアメリカを比較した場合，世界シェアの3割強を占めるアメリカに対し，中国のシェアはわずか9％で，中国と世界先発国との格差が浮き彫りになっている．

　中国のソフトウェア産業が本格的に発展し始めたのは，1990年代の後半からである．とりわけ，2000年6月の「ソフトウェア産業及び集積回路（LSI）産業の発展を奨励することに関する若干の政策」（18号文書）と2002年7月の「ソフトウェア産業振興の行動綱要」（47号文書の4）の公布は，地方政府や国内外企業によるソフトウェア産業への取り組みを一層加速

図1　2007年主要国の世界ソフトウェア産業に占める比重

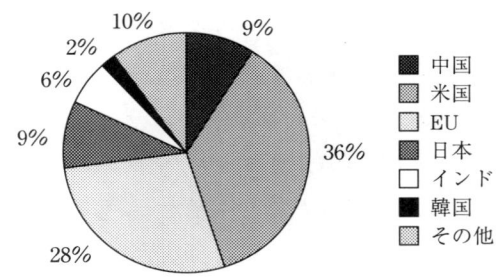

（出所）中国軟件産業年鑑『中国軟件産業発展研究報告』（2008年版）30頁のデータより筆者作成．

図2 2001-2007年中国ソフトウェア産業規模の推移

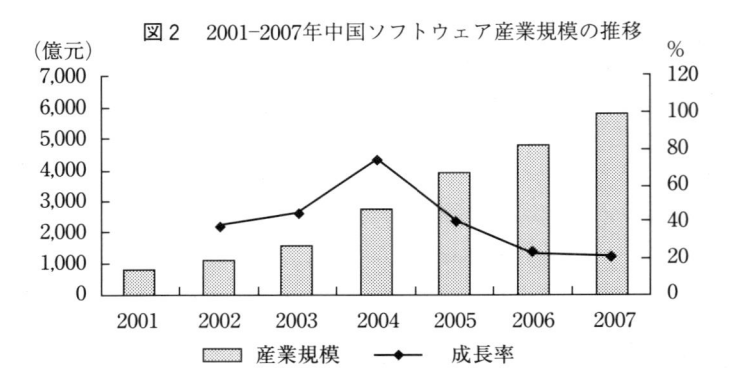

図3 ソフトウェア産業2007年（5,800億元）の収入内訳

- ソフトウェア製品（34.8％）
  2,017億3,000万元．5年前から横ばい．
- システムインテグレーション（25.5％）
  1,478億2,000万元．5年前より2.9％減少．
- ソフトウェア技術サービス（16.8％）
  978億1,000万元．5年前の6.7倍．
- 組込みソフトウェア（19.9％）
  1,155億2,000万元．5年前の4.3倍．
- IC設計（3.0％）
  171億3,000万元．

（出所）ジェトロ上海センターの提供資料による．

化し，現在のソフトウェア産業の基盤を作り上げた．図2で示したように，2007年のソフトウェア産業の売上は5,800億元（同20.8％増）であった．産業規模は5年間で5.3倍に拡大した．中国のソフトウェア産業が世界先発国との格差があるにもかかわらず，この調子（年率20％）で成長が続くと，2010年には1兆元産業になると推測される．

　中国のソフトウェア産業は，主に，ソフトウェア製品，システム・インテグレーション，ソフトウェア技術サービス，組込みソフトウェアとIC設計の5つの部分によって構成されている．2007年中国ソフトウェア産業の収入内訳を見ると（図3），ソフトウェア製品が34.8％，システム・イテグレーションが25.5％，ソフトウェア技術サービスが16.8％，組込みソフトウ

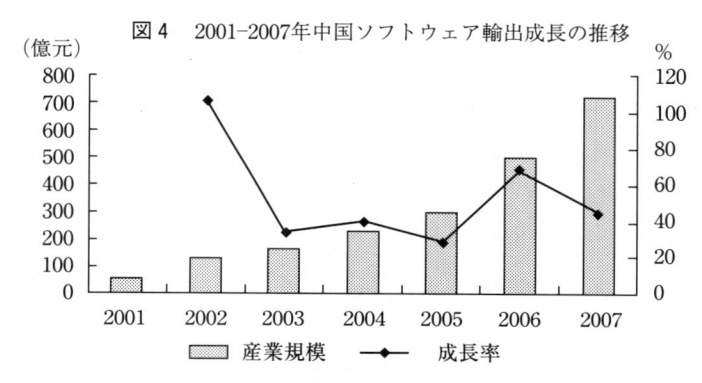

図4　2001-2007年中国ソフトウェア輸出成長の推移

(出所) 中国軟件産業年鑑『中国軟件産業発展研究報告』(2008年版) のデータより筆者作成.

ェアが19.9％，IC設計が3.0％を占めている．

　また現在，ソフトウェア産業の約9割が，国内市場向けの開発で，輸出向けの開発は1割にとどまっている．そして，2007年ソフトウェア産業の輸出は前年比45.1％増の727億元に達した（図4を参照）．そのソフトウェア輸出の多くはオフショア開発によるものである．2007年オフショア開発の60％強は日本向けで，20％強は欧米向けであった[3]．輸出企業は，主に沿海地域に集中しており，そのうち，広東省（特に深圳市），江蘇，上海，天津の発展がとりわけ顕著で，全体の75％を占めている．次項では，オフショア開発のフローチャートを詳しく説明しておきたい．

(2) オフショア開発モデル

　図5で示したように，まず受注側は顧客（ユーザー）よりの仕様書に基づいて業務分析を行い，必要な工数を積み上げて費用を見積もり，顧客に提示する．一般にしかるべき性能を備えた機器の購入・設置もともなうことから，単にソフトウェア開発のみならず，システム・ソリューションとしてのパッケージ契約となる．ただし双方の事情から当初の仕様書はしばしば変更されることになり，そうした場合の対応についても契約に盛り込まれる．

　契約が締結され，ソフトウェア開発企業によって基本設計，詳細設計が行

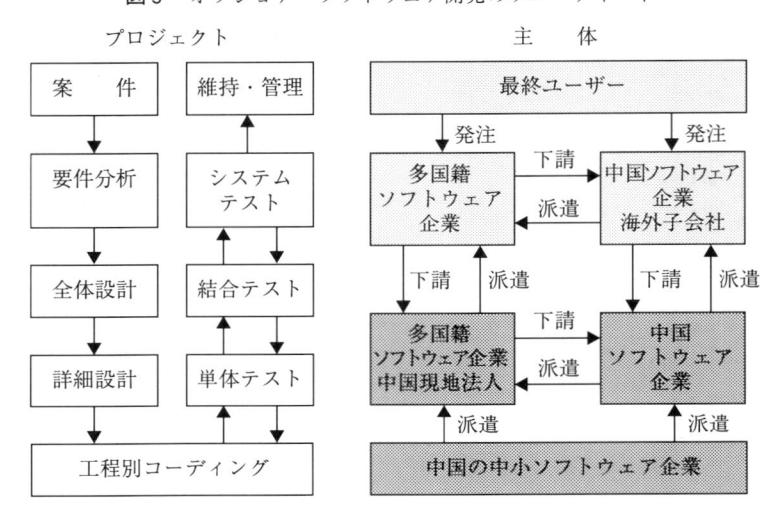

図5　オフショア・ソフトウェア開発のフローチャート

プロジェクト　　　　　　　　　　　　　主　体

(出所) 田島・古谷 (2008) 11頁による．

われ，いくつかのパーツに分かれて実際のコーディングが始まる．パーツごとに書きあがったプログラムは単体テストでチェックされ，バグが見つかるごとに往復運動が繰り返される．コーディングおよびテストの部分がもっとも労働力を必要とする作業で，こうして単体テストを通過したプログラムは結合テストに回され，さらにシステム全体としてのテストが入念に繰り返され，納品される．そして納入後のシステムに対してもメンテナンスや改善の必要から，受注したソフトウェア企業や，または別の企業が関与し続けることになる．

　一見して明らかなように，個々の工程ごとに必要とされる工数は異なり，各パーツごとに投入する人数を調整し，全体としての日数を調整することになる．1つのIT企業がこれだけのソフトウェア技術者を抱え込むことは現実的ではなく，社内の人的資源を適宜配分し，もしくは社外・国外からの応援を求め，さらには社外・国外にアウトソーシングする形で作業を完成させる．こうして一般に幾層かからなる下請企業や，海外を含む外部から派遣されたプログラマーによって具体的な作業が担われることになる．その海外に

よるソフトウェア開発は，オフショア開発そのものである．

一口にオフショア開発といっても，中国企業が目指すオフショア開発モデルは，大きく分けると次の図6のように分類できる．

どのモデルを取りうるかを考慮する上でポイントとなるのはブリッジSE（Bridge System Engineer）の立て方である．論理的にいえば，開発をオフサイトにするかオンサイトにするか，ブリッジSEは中国人か外国人か，その人は中国企業籍か外国企業籍かなどの組み合わせで，たくさんのバリエーションが考えられるが，成功しているモデルの大半は，技術と言語と管理の3拍子揃ったスキルを持つ中国人がブリッジSEとして現地を行き来するというパターンのようである．ただし，3拍子揃うことは実際には難しく，多くの場合，言語が優先され次いで技術スキルと管理スキルの順に考えられて

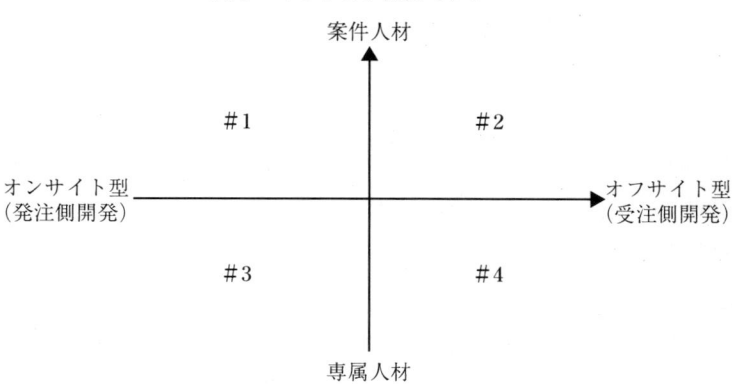

図6 オフショア開発モデル

```
              案件人材
                ↑
    #1         │        #2
               │
オンサイト型    │              オフサイト型
(発注側開発)───┼──────────→ (受注側開発)
               │
    #3         │        #4
               │
              専属人材
```

（注1）受注側の企業からの個別の案件としてソフトウェア開発を受注しIT人材をその企業に派遣しオンサイト開発（プロジェクトベースで実施し，各社OJTとして取り組む．AOTSに人材を送り込みその後特定企業に常駐するケースも多い）
（注2）受注側の企業からの個別の案件としてソフトウェア開発を受注し現地でオフサイト開発（多くの場合短期案件で製造とテストの工程切り出し，一時的なコスト削減目的が多い）
（注3）海外の特定の提携企業に特化した人材を確保し定常的に人材派遣する（人材派遣型のオンショア開発であり，やがてはその人材がコアとなり#4を実現することを狙う）
（注4）海外の特定の提携企業に特化した専属チームによる現地オフサイト開発（定常的な案件で一括したアウトソーシング）

しまうため，通訳的なイメージでスタートして失敗するケースが跡を絶たない．本当に必要なスキルは，管理能力とクロスカルチャーを理解しリードすることのできる人材であり，やはりオフショア開発に求められるコンピテンシーが必要ということである．

3．日本向けオフショア開発における問題点と課題

(1) 日本向けオフショア開発

　本節では，中国オフショア開発業務の大半を占める日本向けオフショア開発の問題点と課題を分析していきたい．現段階での日本向けオフショア開発は，日本が上流工程を，中国が下流工程を分担するという，日中間の分業体制を形成し，それを基本軸に開発が進められている．工程の内容は，基本的にプログラミング，コーディング，単体／システムテスト等の労働集約工程に集中していた．それは，海外委託によるコストダウンを評価した上での正しい決断といえよう．しかし，コストダウンを追求するだけでは，現地の生活水準の向上によって人件費が高くなり，コストダウンの期待が薄くなることがある．さらに，競合他社も同じ作業が行われるだろう．これからは，労働集約工程の段階を経て，外部設計等の知識集約工程等の上流工程への展開が必要となる．つまり，オフショア開発の拡大とともに，中国企業はソフト製造にこだわらず，コンサルテーション・ソリューションサービス等の上流分野や保守・メンテナンス，バージョンアップ等の下流分野に視野を広げて，より付加価値の高いビジネス創出に努めなければならない．さもなければ，中国企業は現地の「コストアップ」の懸念とオフショア開発拡大の要請の狭間に立たされてしまう．

　図7で示したように，一部の有力ローカル企業を中心に，中国側が担当する部分を下流工程に限定せず，徐々に，上流工程の一部までに拡大しようとする動きが現れ始めている．具体的に，技術的な部分と関連する上流工程，

第9章 中国におけるオフショア・ソフトウェア開発　187

図7　上流/下流へシフトするオフショア開発

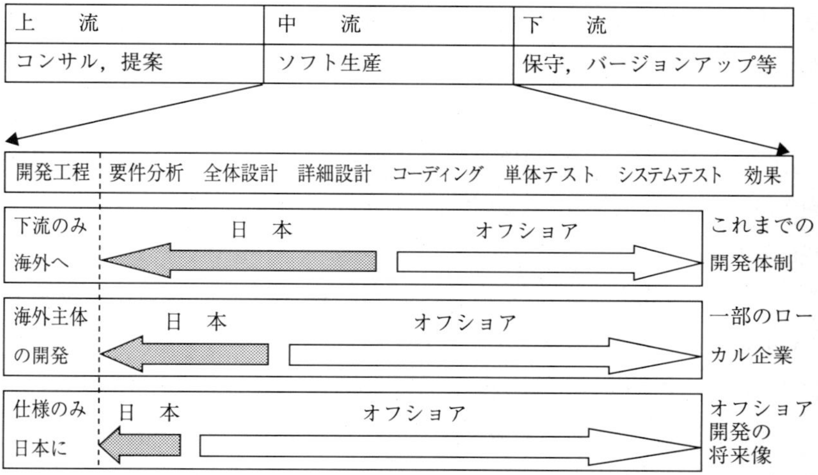

上　流	中　流	下　流
コンサル，提案	ソフト生産	保守，バージョンアップ等

	開発工程	要件分析　全体設計　詳細設計　コーディング　単体テスト　システムテスト　効果	
下流のみ海外へ		←日本　　　オフショア→	これまでの開発体制
海外主体の開発		←日本　　　オフショア→	一部のローカル企業
仕様のみ日本に		←日本　　　オフショア→	オフショア開発の将来像

（出所）金（2005）により筆者作成．

たとえば，基本設計，概要設計といったフェーズの開発を中国側に任せる動きが拡大している．中国のソフトウェアの設計能力，プロジェクトの管理能力，品質の管理能力が徐々に国際的に認められつつあることを考慮すれば，この動きは，今後さらに拡大していくだろう．

（2）　オフショア開発におけるコミュニケーションの問題

ところが，オフショア開発が上流工程へ拡大するにつれ，後述するように思わぬ問題が出てしまう．それは，主に開発遂行上の慣習，情報伝達，意思疎通，理解に関するものとなる．

（1）仕様理解の問題

プログラム製造技術はかなり訓練されているが，ソフトウェア開発が思うように進まないのは，上流工程でなされるべき仕様作成が曖昧になっていることが大きな原因になっている．下流工程を中心にソフトウェア開発に携わる中国のソフトウェア開発者にとっては「仕様の曖昧さ」が最も不満に感ず

る．中国への発注に限ったことではないが，仕様確定の遅延から来る製造工程の圧迫があり，納期遵守を残業でカバーせざるを得ず，それに伴うバグの発生，品質低下の悪循環がある．

日本人の書いた仕様書1枚に対して，質問が10枚くらいになる．1行書いて，後は日本のビジネス習慣により，行間を読むことを前提にするのは無理がある．さらに発注者側は仕様をすぐ変更するが，問い合わせなどで12時間以内に答える体制が出来ていない．そのため，中国側で勝手に修正してしまう．そうすると日本人は「中国人は独自判断で修正し，いうことを聞かない」と考える．オフショア開発が上流工程へ進んでいない原因は日本の顧客仕様について理解できていないことにあるのではないだろうか．

また，発注側の仕様検討の進め方として，段階的に明確化を図る習慣がある．明確化する過程で，当初の想定外のものが入ることもあり，受注側には仕様変更に見える．当初の基本仕様から詳細化を進めているうちに，内容が変わってくるが，発注側で出した仕様が曖昧であっても，発注側は，質問されることを当然としている．受注側の製造担当の方では，不明点を確認したり，具体化した上で，発注側に了解を取りながら，ぎりぎりの進捗キープに努力している．

発注側はそれを当然のように考えており，発注側の仕様作成能力不足を補うのが製造担当のサービス，力量と考えている．

このように，仕様検討の不備が下流工程へのしわ寄せとなって，品質，納期にも影響している．

(2) プログラム・データの構造設計の不備の問題

人月単価，バグ，納期だけの評価は耐えられない．世界に通じるソフトウェアの技術訓練を受け，実物のプロジェクトの実体験ができると思ってこの仕事に就いた．個別のバグを直せ，類似不良を見つけろ，納期を守れとだけ責められるのはプログラマーとしての経験を経てもテスターの仕事を強要されるばかりと思えてしまう．個別のプログラムのバグや個別モジュールの納期も重要でないと言わないが，むしろソフトウェアの構造，データ構造，シ

ステム設計の段階で，バグを発生させにくい仕組みを作る工夫を十分する必要がある．

(3) 開発業務遂行慣習の問題

日本の現場の優秀さが仕組みの改善を遅らせるとの指摘がある．中国のソフトウェア技術者にはカナダやアメリカに出掛けた仲間も多い．元々コンピューターやソフトウェア技術に関する表現法は米国で，文化的にも米国化し易いし，この種の主張，交渉スタイルもアメリカが相場を作っている．一方，中国人ソフトウェア技術者は日本の現場技術者のように昔ながらの労働慣行に慣れていないし，日本の現場技術者ほど現場コントロールのノウハウを持っていない．

このことは仕様の曖昧さとも関連し，発注側が受注側への過大なサービスを要求することにもなる．

(4) 情報伝達，意思疎通，理解の問題

開発過程での仕様，意思が理解されないことに関し，外見・肌色が同じでも考え方の違いがあることへの認識が足りないという忠告がある．わかる・理解するには仕事に関する周辺の情報の記憶がなされていることが好ましい．仕事のプロセス，分担の全体像を知らされていること，筋が通る説明がなされていること，空間関係が把握できていること，仕組みが分かっていること，規則，ルールが分かっていること，このような意識が浮かばないと自分のプロセスを実行し難い．全体の流れが心に想起できると「わかる」に繋がる．

プロジェクトの約束ごとを納得させる．全体の流れを視覚化し，言葉を補う図の活用，シミュレーションによる理解促進，言葉の繰り返し，気楽に相談できる雰囲気作りが大切である．一旦，分かったことは，行動に移せるし，説明できる．応用できる．発注者への不満のベースの課題として意識しておく必要がある．情報伝達に関し，受注側への配慮が重要である．

4. 事例研究

　以上の分析を踏まえた上で，この節では，中国にある3社のオフショア・ソフトウェア開発の成功事例を分析し，上述したオフショア開発の一般形態に照らし合わせて，各社のビジネスモデルやオフショア開発の実態を解明したい．

(1) ケース1 (B社)

　B社は，1989年に元日本留学生によって設立されたソフト開発会社である．1990年に中国に受託開発子会社を立ち上げ，日本と中国との間で社内オフショア開発の体制を作り上げた．2003年2月にはJASDAQ上場を果たし資本経営にも取り組み始めた．その一環として経営難に陥っている日系ソフトハウスに対して株式交換によるM&A攻勢をかけている．2005年，すでに日系企業2社との経営統合を完成させている．傘下に入った企業の経営再建を成し遂げようとする背景には，今まで日中間で構築されたオフショア開発スキームを生かしたい思惑があるからである．その後，業績は順調に伸びており，2005〜08年の3年間では，売上高を過去の約7倍の400億円に引き上げる目標を達した．

　B社の日本向けオフショア開発は，仕様書の作成段階から開発に参加する場合とそうでない場合の2つの形態がある．

　① 仕様書の作成段階から開発に参加する場合の開発形態．具体的に，B社のブリッジSEが一定期間，日本の顧客先に出張して，顧客のところで，顧客とともに仕様書の作成作業を行う．仕様書の作成作業が完了したら，B社のブリッジSEがその仕様書を中国の本社に持ち帰り，残りの開発を中国で行う．その場合，ブリッジSEは，残りの開発に参加する中国国内のプロジェクト・チームの開発メンバー（プログラマーとSE）に対し，プロジェ

クトの全体の流れについて，日本で行った仕様の部分から詳細な説明を行う．中国国内の開発メンバーはその説明と要求に従い，残りの開発を行う．

　B社のブリッジSEは，日本語とIT技術はもちろん，ソフトウェアの基本設計も担当できる能力が要求されるため，一般のローカル企業に比べ，B社のブリッジSEのレベルが高い．オフショア開発の中で，仕様書または設計書の作成段階から開発に参加する中国側のメリットは，プロジェクト全体の状況と流れを把握することができると同時に，顧客側との意思確認もできるため，発注側である顧客のところで，仕様が変更になっても，受注側が対応できる．そのため，両者の間に発生するトラブルを事前に防止することができる．このように，中国人のソフトウェア技術者が，仕様書を作成する段階から，プロジェクトの開発に参加することは，中国側だけではなく，日本側にもメリットをもたらす．つまり，仕様書の作成など具体的な作業を中国人のソフトウェア技術者が行うため，日本側は説明と指導だけで済み，これまでに仕様書を作成するために費やした手間を省くことができる．また，問題が発生した場合においても，中国人の技術者が日本で作業を行うため，素早い対応が可能となる．

　② 仕様書の作成段階からではなく，詳細設計以降から開発に参加する場合の形態．この場合は，基本設計を含む上流工程の設計は，日本側が単独で行い，中国側は参加しない．日本側において，基本設計を含む上流工程が終了したら，日本人のSEがそれを中国に持ち込み，残りの工程の開発，つまり，詳細設計と製造フェーズ，単体テストを中国で行う．中国側のプロジェクトリーダーは，日本側との意思確認を行うため，週1回のミーティングを利用して，日本側と直接コミュニケーションをとるようにしている．

　B社の特徴をまとめると，ソフトウェアのオフショア開発において，中国国内の多くのローカルソフトウェア企業が，製造フェーズを中心に，日本から発注を受けているのに対し，B社は提案書の作成から開発，納品までのすべての工程における発注を受けた経験を持っている．しかも，提案書の作成，仕様検討，基本設計書の作成といった上流工程から，開発，納品，保守まで

のソフトウェア開発の全工程を含む業務の受注量が，下流工程を中心とする製造フェーズの受注量より，割合的に多い．B社の顧客の中には，ソフトウェアの開発ベンダーの他に，エンド・ユーザーも含まれている．このように，B社が一般のローカル企業にとって決して容易ではないオフショア開発の上流工程の開発業務，さらには，エンド・ユーザーからの直接な受注もできるようになったのは，日本側の顧客から高い信頼と評価を得られたからである．

(2) ケース2（L社）

L社の日本向けオフショア開発は，1990年代末までには，製造フェーズを中心に行われていた．しかし，2000年以降からは，海外留学の帰国組から一定程度の上級クラスのソフトウェア人材を確保できたことをきっかけに，上流工程の設計を含む開発もできるようになった．その影響を受け，近年，L社の設計フェーズを含む開発の受注が大幅に増加している．2005年，日本向けオフショア開発の総受注量のうち，設計フェーズからの受注の割合が，ついに5割までに拡大した．そのうち，基本設計と概要設計からの受注が1/3を占め，残りの2/3は詳細設計からの受注である．

中国側が基本設計の段階からオフショア開発を受注した場合は，中国側と日本側との間に，密接なコミュニケーションが必要となる．従って，その場合には，L社は，日本業務担当の技術者を日本の顧客先に出張させて，顧客のところで基本設計を行うようにする．日本で行われる基本設計の作業が終了したら，L社の日本業務担当の技術者は，それを中国に持ち帰って，残りの開発を中国で行い，完成させる．

このように，中国側が基本設計の段階からオフショア開発を受注した場合，日本の顧客との打ち合わせ等を考慮し，基本設計は基本的に日本の顧客のところで行う．なお，基本設計においては，顧客とのやり取りの内容を理解した上で，それをコンピューター上で実現するための提案ができることが重要になるため，基本設計の段階では，コンピューター技術を熟知する上級クラスのソフトウェア技術者が開発の中心メンバーになる．

表1 品質不良の発生

現　象	問　題	原　因	対策→教訓・留意点
（AS/400 C/Sからンへの移行）	仕様決定の大幅な遅れと変更による手戻り発生，制作期間を圧迫	● お客様事由による遅れ，仕様変更 ● 制作期間短縮決定後のリスク管理の欠如	● 仕様変更の手順化，議事録を残す努力，細かい進捗管理 ● プロジェクト外部からのレビュー実施 ● 仕様が確定したものを依頼する ● 仕様変更が多いプロジェクトはオフショア・遠隔地開発は向かない
発注側（日本）で設計，オフショア（中国）でプログラム制作，単体テストを行い，日本で受入テストを実施．その後の結合テストで品質不良発生．	仕様変更，トラブル修復での柔軟かつ迅速な対応ができず	● 文化の違いの認識不足（言葉，距離，文化のギャップ） ● 納期意識：仕様変更ではスケジュール変更が当然 ● 品質意識：ノーマルケースのみ実施．バグは個人責任 ● 参画意識：プロジェクト全体の考慮なし．指示されたこと以上はやらない ● 成果物意識：ズレ，モレが発生 ● 進捗報告内容：鵜呑みにしてはいけない ● 内容確認：不明点を確認せず勝手に解釈してしまう	● 文化の違いを認識したプロジェクトの計画・管理を行う ● コミュニケーションでは積極的にしつこく相手の理解を確認する．要求事項ははっきり伝える ● 役割分担の明確化．WBSレベルでの作業合意とモニタリング ● 完了基準の合意とモニタリング ● オフショア活用時の仕様書作成方法を教育，徹底．（仕様書は日本国内向けよりも詳細に記述） ● Q&Aプロセスの整備と委託先指導

（出所）ヒアリング調査により筆者作成．

　それに比べ，基本設計より前のシステム分析の段階（仕様段階）では，技術的な部分に詳しい技術者よりは，業務知識に詳しい技術者が必要となる．しかし，業務知識に詳しいソフトウェア技術者が中国ではほとんど育っていない．したがって，業務知識を必要とする部分の開発は，現状では，すべて日本人の技術者が行い，中国人の技術者は参加しない．

　全体の開発プロセスの中で，どの工程をオンサイト開発の形態をとり，ど

の工程をオフショア開発の形態をとるかは，L社の場合は，プロジェクト案件の性質によって，その都度決定される．中国でできないもの，または日本で実施した方が効果的である場合は，中国から日本にSEを出張させて，日本においてオンサイト開発の形態で開発を行う．基本的に，基本設計と概要設計は，日本においてオンサイト開発の形態で開発を行い，詳細設計以降の工程は，中国国内で，オフショア開発として行う場合が多い．

ここで，コミュニケーション問題へのL社の対策から，表1「品質不良の発生」を一つの例としてピックアップした．

(3) ケース3（G社）

G社の日本向けオフショア開発は，基本設計と概要設計を日本で行い，コーディング，単体テストを中国で行っている．詳細設計に関しては基本的に日本側が担当するが，中国側も一部に参加する場合がある．開発形態は二つある．1つは，プロジェクトが小さく，作業内容と開発規模が小さい場合は，日本人のSEが中国に2,3週間出張して，中国側に開発内容について説明を行い，そして，中国側がその説明と要求に従って設計，開発を行う場合である．もう1つは，中国人のSEが日本に出張して，1,2ヶ月間顧客のところに駐在しながら設計を行い，設計が終了したら，それを中国に持ち帰って，中国で残りの開発を行う場合である．下流工程である製造フェーズのみ受注する場合は，インターネットで，十分対応できるため，完全に中国国内で開発を行う場合が多い．G社の日本向けオフショア開発は，製造フェーズという下流工程（コーディング，単体テスト）が中心で，上流工程はほとんど行われていない．

G社におけるオフショア開発事例には，コミュニケーション問題への対策がかなり工夫されている．ここでその中から，表2「対応の工数増とスケジュール遅延」を1つの例としてピックアップした．

表2　対応の工数増とスケジュール遅延

現象	問題	原因	対策→教訓・留意点
対応の工数増とスケジュール遅延	● 仕様書，連絡事項の徹底制度が低下． ● Q&Aのレスポンスの遅延．	● 言語，文化の違い． ● 遠隔地という地理的なオーバーヘッド．	● 短納期の単発プロジェクトは向かない．品質を上げていくのに時間がかかる．時間がかかることを織り込んだスケジュールとする ● 委託先初回は標準類への慣れを期待し，次回から実効を得る長期戦略を採る ● トータルコストの削減を狙う．低単価に眼を奪われず，日本国内より1～2割減をまず狙う
		● 期間と工数見積り不十分	● パイロット開発による委託先の生産性・開発能力評価を行う ● ブリッジSEをオンサイトで使用して実力を確認する ● 業務知識を必要とするアプリケーション開発は難しい ● 生産性面では，単体テストはオフショアと日本での受け入れテストの2回かかる
		● 受け入れテスト不備	● 吟味されたテストデータによる受入テスト実施

(出所) ヒアリング調査により筆者作成．

5．おわりに

　以上，本文は中国のオフショア・ソフトウェア開発の事例分析を踏まえた上で，オフショア開発が単純な製造フェーズから設計フェーズを含む上流工程へ展開する動向を分析してきた．

人材不足や価格競争，生産拠点の一本化など，さまざまな理由で国際競争に揉まれているソフトウェア産業においては，海を越えた共同作業による製品開発はもはや当たり前となっている．そこで，1990年代から，安価なエンジニア，リソースを求めた日本企業による中国進出を背景にして，中国の日本向けオフショア開発が急速に伸び始めた．

　ところが，海外にアウトソーシングを行うに当たって，最大の障壁はコミュニケーションの困難さである．コミュニケーションといっても単に言語に留まるものでなく，商慣行，文化など広範に及ぶ．

　事例研究で分析したように，最近では，中国企業各社が日本向けにビジネスを長期的展望に沿って拡大して行きたいと考えている反面，一方で日本企業との開発プロジェクトの難しさを過去の経験から痛感しており，品質に対する高い要求や仕様の不確定さなどへの対処などに意識的に取り組み，むしろ慎重な姿勢をとる傾向が見られる．たとえば，日本企業は発注後の仕様変更が多いといわれており，オンサイト開発に比べると海外アウトソーシングは変更にともなう納期遅延やデバッグの発生が多い傾向にあるが，これを防ぐためには変更にあたり双方の窓口を決め，文書により変更の依頼，対応結果の通知，質疑応答を行い，変更等が適切に行われているかをきちんと管理していく対応が見られる．

　ソフトウェア開発のボーダレス化も今日では決して珍しくなくなりつつある．だからといって，オフショア開発の展開に当たって，従来の「人件費削減」志向のビジネスモデルではない．むしろ，創造的対話の構造とプロセスの重要性が非常に高く，それは，共通の価値観の醸成やコミュニケーションなど，多岐の分野に渡り統一したコンセプトのもとに組織間の調整が非常に重要なものとなっているのである．

1) オフショア開発とは，米国や日本など市場規模は大きいものの，製造費が高い国の企業が，コスト競争力を強化するため，人件費の安い海外で開発を行うビジネスモデルを指す．ここでいう日本向けオフショア開発は，中国が日本からオフショア開発を受注して，日本向けのソフトウェア開発を行うことを指す．また，

ソフトウェア業界で用いる「オフショア開発」は，英語で正しく表現すると，「offshore software development」となるが，業界では，短縮形である「オフショア開発」の表現が一般化している．従って，本稿でも「ソフトウェアのオフショア開発」を短縮形の「オフショア開発」で表現する（ソフトウェア海外調査研究会『中国オフショア開発ガイド』CA コンピュータ・エージ社，2005年11頁）．
2) 人件費コストの面から見ても日本側にメリットがある．聞き取り調査によれば，日本ではプログラマーでも1人月の単価は少なくとも50-60万円はかかるが，中国人技術者の場合は30万円で済む．なお，同じ30万円の場合は，中国人技術者のレベルが日本人技術者のレベルより高く，日本は安い人件費でハイレベルの技術者を活用することができる．
3) 中国軟件行業協会（2008：49）による．

参 考 文 献

(株)矢野経済研究所『中国オフショア市場の実態と展望（2007年版）』2007年．
ソフトウェア海外調査研究会著『中国オフショア開発ガイド』CA コンピュータ・エージ社，2005年．
独立行政法人，労働政策研究・研修機構編刊『専門的・技術的労働者の国際労働力移動—看護・介護分野と IT 産業における主要課題—』2006年11月．
金堅敏「日系企業による中国オフショア開発の実態と成功の条件」『富士通総研研究レポート』No. 233，2005年6月．
田島俊雄・古谷眞介『中国のソフトウェア産業とオフショア開発・人材派遣・職業教育』東京大学社会科学研究所，2008年．
中国軟件行業協会『中国軟件産業発展研究報告』（2000～2008年版）．

索　引

あ 行

赤い帽子	100
アルパイン株式会社	56
イノベーション	6
イノベーション・ミックス	10
イン・フォーマル金融	87
インキュベーションセンター	18
ウェーバー	31-33
売上高	64, 66-68
営業税	106
オフサイト開発	185
オンサイト開発	185, 193, 194, 196
温州商人	78
温州モデル	75, 76, 78

か 行

家族主義・関係	146
下流工程	180, 186-188, 192, 194
関係主義	165
監事会	60-63
康奈集団	83
官僚資本主義企業	97
起業家精神	121-127
技能工	129
規範	167
規範フィルター論	167
キャッシュ・フロー	64-68
財務——	64-68
投資——	64-68
営業——	64-68
競業避止業務	137
勤工倹学	13
クルーグマン，ポール	31-33
ケイパビリティー	5, 9, 79
——・アプローチ	8
ダイナミック・——	10
契約主体	138
行為者	121, 123-127
工会	136
高新（ハイテク）技術産業開発区	45
構造	121-123, 127
郷鎮企業	99, 100
校弁企業	4, 11, 13, 17, 45-50, 52, 53, 56, 59, 60, 63, 69-71
校弁上場企業	46, 53, 54, 59, 64, 68
公有企業	98
国際照明	37
五金	131
個人主義	165
国家大学科技園	14, 45
固定工制	135
コミットメント関係	144
雇用形態	138

さ 行

最終利益	64, 66-68
サプライチューンシステム	39
「産学官」連携	48
産業集積	5, 27, 28, 30-34, 36-44, 79
人工的な——	5
内生型——	27, 30
三金	131
三種の神器	158
三素問題	164
GMS	161
CVS	163
自営業	97-100, 102, 104, 106, 116
事業部業績	147
紫光股份有限公司	53, 55, 61
資産経営管理公司	49, 59, 60
時代の活力	127

時代の需要	126, 127	増値税還付率の引下げ	133
社会関係資本	81	蘇南モデル	75, 78
上海交大昂立股份有限公司	53, 58, 62		

た 行

上海交大南洋股份有限公司	58	大学発サイエンスパーク	5, 11, 13
上海交通大学	48, 53, 58, 62, 66	大学発ベンチャー	3, 4
上海復旦復華科技股份有限公司	53, 58, 59, 63	他責	146
上海方正延中科技集団股份有限公司	54	知識集約工程	186
		中関村	4
私有企業	97, 104, 115	中国社会経済の三元構造	142
集団主義	165	中山古鎮	27, 34, 36, 37, 40, 42-44
集団所有制企業	98, 99	董事会	60-63
珠江デルタ	27, 28, 30, 34	鄧小平	100, 115
出国研修協議書	148	東軟集団有限公司	56, 60
純資産	64, 66-68	東北大学	53, 56, 60, 62, 66
照明器具	30, 34-38, 40, 42, 44	独立董事	60-63
上流工程	180, 186-188, 191, 192, 194, 195	取引費用	6, 7, 79, 80, 91
人事制度の統合と分散	147	——の経済学	6
深圳	28		

な 行

人治	101, 115, 116	内発的発展	75, 76, 78
人的資産の特殊性	143	軟件園区(ソフトウェア・パーク)	45
瀋陽東軟軟件股份有限公司	53, 57, 60, 62, 67	南巡講話	14, 100, 115
		日本向けオフショア開発	179, 180, 186, 190, 192, 194, 196
新労働契約法	130		
スーパーマーケット	161	年報	53, 64, 67, 68
スモール・ネットワーク理論	80	農民工問題	129
清華控股有限公司	55, 60		
清華紫光股份有限公司	55		

は 行

清華大学	48, 49, 53, 59, 60, 61, 65	配給券	162
清華同方股份有限公司	53, 55, 61	橋本寿朗	38
正規労働者	129	非公有企業	98, 99, 101-104, 115, 116
正泰集団	88	非正規労働者	129
制度	122-127	非全日制労働者	139
専業市場	40	百貨店	161
専業鎮	27, 29, 30, 42, 44	復旦大学	48, 53, 58, 59, 68
全国科学技術会議	14	ブリッジSE(Bridge System Engineer)	185, 190, 191
全民所有制企業	98		
総資産	64-68		

北京清華大学企業集団	55, 60	**ま　行**		
北京大学	48, 49, 53, 54, 59, 60, 64			
北京大学・清華大学に対する校弁企業の		マーシャル，アルフレッド	31, 33	
経営を規範化する指導意見	47, 48	民営企業	98-109, 116	
北京北大資産経営有限公司	54, 60	民間金融	86	
北京北大方正集団公司	54	民間ハイテクパーク	19	
ポーター，マイケル	32-33	民族資本主義企業	97	
方正科技集団股份有限公司		無固定期契約	130	
	53, 54, 60, 61	**ら　行**		
方正控股有限公司	53, 54, 60, 61			
法治	101, 116	労働階層の市場特徴	141	
北大方正	45, 54, 60	労働契約の完備性	143	
北大方正集団有限公司	60	労働集約工程	186	
		労働争議	129	

執筆者紹介（執筆順）

丹沢　安治（たんざわ　やすはる）　研究員・中央大学総合政策学部教授

陳　海権（ちん　かいけん）　客員研究員・曁南大学管理学院副教授

西崎　賢治（にしざき　けんじ）　客員研究員・西崎公認会計士事務所公認会計士

北島　啓嗣（きたじま　ひろつぐ）　客員研究員・福井県立大学経済学部准教授

砂川　和範（すながわ　かずのり）　研究員・中央大学商学部准教授

李　建平（り　けんへい）　客員研究員・専修大学経営学部准教授

申　淑子（しん　しゅくし）　客員研究員・中国人民大学外国語学院副教授

周　煒（しゅう　い）　準研究員・中央大学大学院総合政策研究科博士後期課程

三浦　俊彦（みうら　としひこ）　研究員・中央大学商学部教授

潘　若衛（はん　じゃくえい）　客員研究員・㈱ビッグハンズ代表取締役社長

葛　永盛（かつ　えいせい）　客員研究員・華東理工大学商学院副教授

中国における企業と市場のダイナミクス
中央大学政策文化総合研究所研究叢書 9

2009 年 3 月 31 日　初版第 1 刷発行

　　　　編著者　丹沢　安治
　　　　発行者　中央大学出版部
　　　　代表者　玉造　竹彦

〒192-0393　東京都八王子市東中野 742-1
発行所　中央大学出版部
http://www2.chuo-u.ac.jp/up/
電話 042(674)2351　ＦＡＸ 042(674)2354

© 2009　　　　　　　　　　　ニシキ印刷／三栄社

ISBN978-4-8057-1408-9